kirai na hito

「嫌いな人」の トリセツ

no

torisetsu

（人付き合いが ラクになる 37の習慣）

ビジネス心理コンサルティング株式会社
代表取締役

林 恭弘

hayashi yasuhiro

.., LTD

※本書は『「ムカつく！」相手と上手につきあう方法』（総合法令出版刊）の改訂新版です。

はじめに

私は、「嫌いな人」や「苦手な人」とは関わらないほうがいいと思っています。

なぜなら人生の中で出逢う人の数はおよそ3万人（当然個人差はありますが）と言われていますから、ソリの合わない人といちいち関わり、互いにストレスになる時間を過ごす暇などないからです。

それであれば、そんな「苦手な人」との時間を切り捨て、意気投合できる相手と時間を共有し、建設的な人生をクリエイトする方がいいに決まっています。

ただし現実の世界では、素晴らしい人間関係と楽しい時間ばかりではありません。誰の前にも「苦手な人」はきっと登場しますし、人生の中で「嫌いな人」に悩まされる機会は数え切れないほど存在します。もちろんそれらは相手のせいばかりではなく、自らの未熟さゆえかもしれません。


「日々の、身近な人間関係こそが人生なり」という言葉があります。生活を送る上も、仕事をするにおいても、趣味やスポーツに興じるにも、身近な人間関係があなたを幸せにも、不幸にもするからです。

良い人間関係が築かれると、生活が穏やかになり充実しますし、仕事がスムーズに進行し高い成果をあげることができます。また趣味やスポーツを通して、親しい仲間と存分に楽しむことができるでしょう。

しかしその一方で、**その人と向き合うとなぜか胃のあたりがムカムカとして、何とも嫌な気持ちになる、「苦手な人」**が誰にでも一人や二人はいるはずです。

「苦手な人」との人間関係は、あなたを憂うつにし、悩みの大きな原因となります。心理カウンセリングでは、**「人間の悩みの80パーセント以上は、身近な人との関係である」**と言われる所以です。なぜならその人間関係は、生活をしてゆく上で、仕事をしてゆく上で避けて通ることができない関係性だからです。それだけに身近な人との関係性は、人生の景色を変えてしまうと言っても過言ではないでしょう。

しかしながら「苦手な人」との関係から、逃げたり放置したりせず関係改善を試みて、たとえ時間がかかっても乗り越えることで、人間としてひと回りもふた回りも大きくなることも事実です。それはあなたの他人に対する視野が広がり、心の持ち方が変化し、適応力が付いたということに他なりません。

「苦手な人」との関係では逃げたくなったり、その相手が変わってくれることを期待してしまいます。**しかし、逃げれば逃げるほど追いかけてくるでしょうし、ある日突然相手が心を入れ替えてあなたに好意的に接するようにもなりません。**

逃げることもできなければ、相手が改心することもないとすれば、人間関係を改善する唯一の方法は、**「あなたが変わる」以外にはない**のです。ここで言う**「変わる」と言う意味は、「成長する」ということ**です。あなたが成長することで家庭生活もビジネスも、その他のプライベートもより良い人間関係を通してより一層豊かになってゆくのです。

もう一度、**「日々の、身近な人間関係こそが人生なり」**という言葉をあげておきましょう。**あなたの人生の景色を変える**ためにも、本書を通じて身近な人との関わり方を一緒に考えてゆきましょう。

「嫌いな人」のトリセツ　もくじ

第3章　なぜ、その人のことを嫌いになってしまうのか

第4章　感情を乱されない「打たれ強い」自分になる方法

第5章　嫌いな相手に効く、ちょっとした「コツ」

第6章　心のスケールと角度を変える

装丁　木村勉
本文イラスト　土屋和泉
DTP　横内俊彦

第1章

まわりにいる「嫌いな人」たち

「苦手な人」と向き合う前に

私たちの人生――職場や学校、プライベートの人間関係で「苦手な人」は必ず現れるものです。たとえ昨日までは「ウマの合う人たち」に囲まれて平穏に過ごしていたとしても、ある日突然に「苦手な人」と出逢うことがあるでしょう。

その「苦手な人」との遭遇に思わず「まさか！」「なんで！」「おいおい」「勘弁してよ」と声をあげてしまうかもしれません。しかし、思わず声をあげてしまいたくなるような「苦手な人」とも付き合っていかなければならない不条理も、また現実なのです。

さて本書を進めるにあたり、まず「苦手な人」とは「どういうタイプの人」なのかを整理する必要があります。「なんとなく苦手」というよりも、「こういう特質があるから、あの人が苦手なのだ」あるいは、「あの人とはこういう関係性だから苦手なのだ」という〝苦手なワケ〟がわかることで気持ちがスッキリしますし、何より対策を立てることに大いに役立ちます。

まず、あなたが「好きな人」には、「なぜ好きなのか？」という理由があります。また、「相性の良い人」には、やはり「なぜ相性がいいのか？」という理由がありま す。それは総じて言うとすれば、その人と関わることが、または一緒に過ごすことが「心地良い」からでしょう。

それとは対照的に、あなたが「苦手な人」は、その人と関わることが「心地良くない」からであって、もっとストレートに言うと「苦痛に感じる」部分があるのです。

単純な整理の仕方ではありますが、**「苦痛に感じる」**というキーワードから連想することで、「苦手な人」のプロフィールが浮かび上がってきそうです。

「苦手な人」のプロフィール

さて、誰かと一緒に過ごしていて「苦痛に感じる」というのは、具体的にはどのような感情でしょうか。大まかではありますが、**「イライラする」「ムカつく」**または

「怖い」「萎縮してしまう」という、大きく分けて2つの不快な感情のいずれかに当てはまるのではないでしょうか。あなたにとっての、「苦手な人」を想像しながら、どちらに当てはまるのか考えてみてください。

「イライラする」という感情の源として、**「ペースが合わない」「価値観・常識が違う」「成熟度が違う」**があげられます。

一方、「怖い」という感情の源を探ってみると、**「恐怖」「不安」「プレッシャー」**があげられます。

〝相手との関係性の意識〟で見てみると、
苦手＝**自分∨相手**＝「イライラする」
あるいは、
苦手＝**自分∧相手**＝「怖い」
となるはずです。

ここでの、記号「＜・＞」は「弱い・強い」「劣位・優位」などの意味です。

例えば「上司として、部下に（地位・役割）繰り返し指導しても成績が上がらない（未熟に思える）ので、うんざりする（**イライラする**）」や、「先輩（地位・役割）が、毎日強い口調（性格）で私の欠点を指摘する（**怖い**）」などです。

では、ここまで整理したことをベースにおきながら、「苦手な人」との関わりによって悩んでいる人たちの具体的なケースを見てみましょう。これからあげる人たちは、私がカウンセリングで相談者から聞いた事例や、私自身の仕事やプライベートで出会った人たちをモデル（仮名）にしています。

まずは、「イライラ」「ムカつく」というキーワードの事例です。

①話題をハズシまくる「読めないクン」（ペースの違い）
②やる気もエネルギーも感じられない「昼行灯《あんどん》」（価値観の違い）
③保身第一の「ジコチュー人間」（常識の違い）

④他人の心をかき乱す「疫病神さん」（未熟でイラつく）

その次に、「怖い」というキーワードの事例を見てみましょう。

①感情的になり暴言を吐く「活火山型」（恐怖の対象）

②群れを組んで力を振るおうとする「女子」（不安の対象）

③あまりにもアツイ「超・体育会系上司」（プレッシャーの対象）

身近にいる「ムカつく人たち」

①話題をハズシまくる「読めないクン」（ペースの違い）

吉村さんの最近の憂うつは、職場改善会議に出席することです。

職場改善会議とはその名の通り、「職場のさまざまな環境（人的環境・物理的環境）を改善することによって、働きやすく効率も上がる職場づくり」を目指す月一回の会議です。会議のメンバーは各部署の代表が出席しており、それぞれの視点から意見を交換し部署間の風通しを良くする意図も含まれています。

さて、吉村さんのイライラの対象は「読めないクン」と吉村さんが命名した、35歳の中堅社員です。なぜ「読めないクン」なのかというと、とにかく話題をハズシまくり、参加者の会議への集中力を削いでしまうのです。

メンバーの一人がコミュニケーションの重要性と職場環境の関連について言及し、他のメンバーも納得しながら聞いているときに、

「あのぉ。そういえば○○コミュニケーションズっていう会社がありましたよね〜」

通常の会話の倍ほどの時間をかけて、つまり超スローなテンポで話し出すのです。しかも○○コミュニケーションズという会社は就職支援の会社であって、いま話題となっている〝職場のコミュニケーションの活性〟とは何ら関係ないわけです。

そのほかにも、オフィスのレイアウトを改善することによって、心理的効果と業務効率が上がるという話題のときにも、「そういえば〜、親戚の知人が家を建ててぇ、インテリアコーディネーターにお願いしたらしいですよ」という発言。オフィスのレイアウトと、一般家庭のインテリアは全く別物ですし、だいたい〝親戚の知人〟とはいったい何者なのか？

「違う部署の代表が集い、さまざまな視点からのアイデアを交換する」という会議の

趣旨があるためか、あるいは35歳の中堅社員を叱り飛ばすことが憚《はばか》られるためか、他のメンバーはじっと耐えて一応は聞いているのです。

しかし、吉村さんはそれ以上ツッコミようのない「読めないクン」の場違いな発言内容と、彼が話す超スローなテンポにすっかりペースを崩されイライラしてしまい、貧乏ゆすりが癖になったほどです。ペースが合わない人間関係が、これほどまでにストレスになるのだということを実感しているのでした。

あのぉ
そういえばぁ
○○コミュニ
ケーションズっ
て会社ありま
したよね
超マイペース
だからどーした?
カンケーねーし!
ガタガタ

②やる気もエネルギーも感じられない「昼行灯《あんどん》」(価値観の違い)

山本さんの頭の中で、近頃「リーダーシップ」という言葉がグルグルと回っています。山本さん(39歳)は支店長として福岡支店に着任したのですが、問題を感じているのは2名の20代男性社員です。

「何が問題なのか」というと、その若手社員2名にはやる気もエネルギーも感じられないのです。

まず出社時間は午前9時、退社時間は午後6時の定時ピッタリです。もちろんダラダラと会社に残って残業することが良いとは考えていませんが、あまりにも仕事への向き合い方や、他の社員への接し方が淡泊なのです。実際に彼らが出社・退社したことに気付かないことさえあるぐらいです。

山本さんは活気あふれる東京・新宿支社にいたころとのギャップに戸惑い、彼らに個別に時間を設け、仕事に対する思いを聞いてみることにしたのです。

「これから一緒に仕事をつくっていきましょう。何か今、困っていることはないかな? できるだけ福岡支店を盛り上げてゆこうと思っているんだ」

そう切り出すと、二人はうつむいて首をかしげるのです。

「遠慮はしなくていいから、言いにくいと思うことでも教えてほしいんだ。そういう意見が支店を良くしていくために大いに役に立つからね」

するとやはり、二人ともうつむいたままで、「べつに、困っていることはないと思います」という反応。

「じゃあ、今後チャレンジしたい仕事はどんなものがあるかな？」と尋ねてみると、「え～と、別にないと思います」これまた同じ反応。

山本さんはためらいがちに、「じゃあ、仕事は充実している？」と聞いてみると、「やることはやっていると思います」という返答。このような会話は二人ともほぼ同じなのです。そしてそれ以上の会話が広がることも、ましてや盛り上がることもありませんでした。

仕方なく雰囲気をほぐしてみようとプライベートな話題を振ってみると、二人は〝車ナシ〟〝彼女ナシ〟のようです。「お金もかからないし、自分の時間が好きにつくれるから良い」との考えです。

他の社員にそのときの様子を話してみると、「まあ、あまり役には立っていませんけれど、休まず出社するし、大きなトラブルもないから〝価値観の違い〟ということでいいんじゃないですか」という意見が返ってくるだけ。

まさしく「昼間では灯っているのかわからない行燈」のような存在なのです。

山本さんは、「福岡支店を盛り上げる！」という意気込みで異動してきただけに、2名の若手社員のまるで〝昼行燈〟のような覇気のなさと、冷ややかに知らんぷりを決め込んでいる他の社員の中で、まるで異国に来たような孤独感を感じるのでした。

別に…
特にナイ
です
帰っていいですか？
やる気出せ！
何でこんな支店に…。

③保身第一の「ジコチュー人間」（常識の違い）

動物には「自己保存本能」というものがあります。

簡単に言うと「自分を守り、生き延びようとする本能」です。人間も動物ですので、この自己保存本能があります。会社の中では、「保身」という態度でそれは表現されます。

名村さんは上司のあからさまな「保身」に嫌気が差すとともに、仕事に対するやる気をすっかり落としていました。

名村さんが勤める会社は、社員数約４００名のＯＡ機器商社です。名村さんの所属は営業支援をする部署で、顧客へのサービスや新規顧客の獲得につながるようなイベントを定期的に企画・運営しています。

〝問題の人物〟と言うのが部長のＹ氏（54歳）です。

名村さん（および他の社員）いわく、Ｙ部長は決して自分で責任を取らないというのです。

名村さんの部署では年間30回ほどのイベントを全国で実施しています。もちろんイベントの内容は顧客に役立つような最新のＯＡ機器システムの提案のみならず、各種経営情報の提供、社員の福利厚生に役立つリゾートの紹介、あるいは娯楽情報などその時々においてさまざまなバリエーションが要求されます。顧客を飽きさせず、自社に惹き付けるようなアイデアをひねり出し、提案することが名村さんたちの仕事なのです。

そんな名村さんたちの頭を悩ませるのが、企画会議におけるY部長の言動です。「顧客を飽きさせず、しかも経営のヒントになるような斬新な企画案を持って来い！」と言うのが口癖です。

ただし〝斬新な〟というか、今まで実施したことのない内容の提案をすると、「それが成功する確信はあるのか？」「では成功すると言うなら、エビデンス（証明できるだけの情報）を持って来い！」「お前の直感でビジネスが成り立つとでも思っているのか？」とまあ、片っ端から叩き潰していくのです。

もちろん直感や思いつきのアイデアでイベントが成功するとは思えません。そのことは名村さんも他のメンバーも、数多くの経験をしてきましたからよくわかっています。しかし〝斬新〟ということは、当然リスクも伴うわけです。100パーセントの成功確率を保証できるわけがありません。

ところが専務取締役が会議に顔をのぞかせる時だけは、Y部長の様子は一変します。「リスクを恐れずトライすることが、長い目で見たとき、企画力を育てるのだ」という取締役の発言があった直後から、「トライ」「チャレンジ」をやたらに連呼するのです。「日頃から私が皆に求めていることを、今日は専務もその言葉でおっしゃられた。みんな目が覚めたことと思う。失敗など恐れずに、未来を向いて行こう！」と〝その口〟で言うのです。

名村さんたちの意見でY部長がシブシブでも唯一首を縦に振るのは、以前に好評を得た内容や、やはり好評だったゲストを招くプランぐらいにおいてです。

その結果、ここ2年ぐらいのイベント内容は似たり寄ったりで、得意先からも「マンネリになっちゃってるよねえ」などと嫌味を言われることもあります。事実、1年ほど前からイベントへの参加者数が減っています。

それに危機感を感じたメンバーが〝顧客の声をもとにした企画〟として用意周到に準備しました。

その内容を聞いたY部長は、

「お客なんて責任がないからわがまま勝手言っているだけだ。この内容では失敗するのは目に見えているぞ。忠告しておくが、そんな声に振り回されて成功するわけがない。それでもやると言うなら、自分の裁量でやってみろ！」という反応でした。

はたしてその結果は……、大盛況の大成功だったのです。

実は提案した本人のみならず、他のほとんどのメンバーも成功を確信していました。そのぐらい〝顧客の声〟を見事に反映した内容で、それが成功するという〝エビデンス〟もしっかりと裏付けられた提案だったからです。

そしてY部長の反応はというと、

「計算どおりだったな！　君が慎重になって弱点を克服したからこそうまくいったな。私はそこを狙っていたんだよ」

「なんじゃ、そりゃ！」と叫ぶ気にもなれず、メンバー一同、泣き笑いの顔になって斜め下に目線を落としたのでした。

立場上は相手が「上司」ではありますが、手柄は自分、責任は部下に押し付ける、その部長の非常識とあまりにもズルい態度に許せないほどのイラ立ちと憤りを感じるのでした。

私もチャレンジが大切だと思っていたんです
社長→
それが成功する確証があるの?
責任とるのはボクなんだよ!
100%成功なんてあるかー!
言ってることが全然ちがうじゃん!

④他人の心をかき乱す「疫病神さん」（未熟でイラつく）

奥村さんがイラつく相手は、常に不幸のどん底にいるような同期のMさんです。Mさんの口癖は、「最悪」「不幸」「絶望的」「信じられない」「運命」「宿命」と、マイナス思考のフルコースです。

同期なので、彼女から誘いがあるとランチや夕食に付き合いますが、話していると暗い気持ちになり疲れてしまうのです。

「あーもう最悪。彼って結婚に逃げ腰なのよね。あんなふうに決断力がないのなら、結婚したって幸せにしてくれそうにないわ。私たちって、もう28よ。これからはどんどん条件が悪くなってくるわけだし、早く売り抜けないと35にもなったら絶望的じゃない。うちの会社だって7年連続で利益を落としているし、ボーナスは頭打ち、希望退職まで募る状態だし、いつどうなってもおかしくないわよね。もう最悪。

結婚できない、職無し、収入無し、居場所無しよ。絶望的じゃない？　あなたも私も、どうしてこんなに不幸なわけ？　まるで呪われた運命みたいじゃない」

不幸になるのは本人の勝手ですが、彼女は奥村さんまで〝最悪で不幸な運命を背負った人〟にしてしまうのです。奥村さん自身はもともとポジティブな性格ですから、現状を不幸だとは思ったこともなく、それなりに楽しんでプライベートも仕事もこなしていますが、彼女と話していると「引っ張られる」のです。

奥村さんはMさんと1時間も話すと、本当に自分が不幸な人に思えてくることに、「これって、まるで催眠かマインドコントロールみたい」と最近では恐れさえ感じています。一方的にグチグチと毒を吐き、ため息を漏らし、すべてを不幸で塗りつぶすのです。彼女の話に付き合っていると「もう、いいかげんにして！」とイラ立ってきます。

それでいて、時間が経ってふとMさんの様子を見ると、先ほどのことは〝ケロッ〟と忘れて、楽しそうに他の人と話しているのです。

それを見ると、あきれるどころか余計に〝ムカッ〟としてしまう奥村さんです。できればMさんとの距離を取りたいのですが、同期ですし彼女は奥村さんを親友と思っているのか、気が付くとすり寄ってくるのです。まるで疫病神に取り憑かれたような気分になっている奥村さんです。

私たちって
このままだと
"負け"よ
ウチの会社
落ち目よね
もう！いいかげんにして！
私も不幸に思えてきた

身近にいる「怖い人たち」

では次に、「怖い」というキーワードの事例から見てみましょう。

①感情的になり暴言を吐く「活火山型」（恐怖の対象）

上野さんは社員10名ほどの広告代理店に勤務している27歳の女性です。

現在の会社に転職してきて1年2カ月ですが、ずっと悩み続けていることがあります。

それはチームリーダーのK女史（37歳）との人間関係です。「上野さんが」というよりも、すべての社員がK女史との関わりで悩んでいると言っても過言ではないのです。

K女史は社長に次いで経験があり、最年長です。もちろんその経験なりに仕事ぶりも一目おくものがあるのですが、とにかく感情的になりやすいのです。「感情的」といっても尋常ではない状態になるのです。

「何度言ったらわかるの！　どうしていつもそうなわけ？」

「こんなこともできないで、よく給料もらおうなんて思えるわね！」

「どうして私の指示したとおりにやらないのよ！　あんた反抗しようってわけ？」

「きのう私がそう言ったって？　じゃあ今日の私が言うことが正しいのよ！」

「もうぉぉー!!」（すさまじい叫び声）

とまあ、暴言・侮辱・非難、そしていよいよ激昂すると「おぇ〜」と戻しそうになりながら感情を爆発させるのです。まるで「活火山」ともいえるこのチームリーダーと毎日8時間近く職場で過ごすわけですから、退職者も後を絶ちません。

上野さん自身何度も何度も転職を考えましたが、現在の雇用情勢ではすぐに次の仕事が見つかるとは思えません。親元から離れて一人暮らし、貯金もほとんどありません。

逃れたくても逃れられないこの人間関係。どうしたらよいというのでしょう？

もぉおおおお〜〜〜っ
もう！
噴火しすぎ！
キャ――ッ！

②群れを組んで力を振るおうとする「女子」(不安の対象)

「これってどこかで見たような気がする。小学校、中学校、高校……。そしていまの職場でも」

三宅さんは勤務する大手損害保険会社の職場で、「女子」に入りきれず戸惑いを感じ続けています。

三宅さんの言う「女子」とは、ある一人のリーダー的女性社員が、「○○課長ってコミュニケーション能力に問題ありよねー」「営業3課の○○くんって、ありゃ伸びるタイプじゃないわね」など自分の意見に同意を求め、それに対して「そうよねー」と言えばどんどん取り込まれていって、気が付けば(気付かなくても)そのリーダー的女子社員を中心とする〝群れ〟の一員になっているというもの。

〝群れ〟の一員になると休憩時間、ランチ、終業時間、放課後(終業後のプライベート)などにおいて、かなり束縛されるのです。

仮に、「でも○○課長の流暢じゃない、素朴なコミュニケーションが響きますよ」「○○さんは、ほめられて伸びるタイプかもしれませんよ」などと反対意見を言おうものなら、

「あなたはまるで分析力がない、おめでたい人よね」と強烈な批判が返ってくるか、それ以降徹底的に無視され、その影響力が他の女子社員にも伝播し居場所がなくなるというのです。

そして三宅さんいわく、そのリーダー的な女子はたいてい、いや必ずと言っていいほど〝意地悪な目と顔〟をしているそうな。

その〝目〟に睨まれ、〝顔〟を向けられると、生きた心地がしないというのです。〝群れ〟に入るも地獄、入らないも地獄。仕事よりも、「女子」について悩み続ける三宅さんです。

そう思うでしょ!?
入らないと仲間はずれ…。
コワ…
…そうですね…。
昔あったなー。

③あまりにもアツい「超・体育会系上司」(プレッシャーの対象)

食品ショーケースを製造販売する会社に勤務する武地さん（31歳）の悩みは、上司との人間関係です。

武地さんの所属する営業第2課の新任課長F氏（38歳）は、呉服業界からの転職者です。その営業実績を買われてのヘッドハンティングで同社に入社。半年前から営業2課長として赴任したのでした。

まず武地さんが度肝を抜かれたのは、赴任初日に行われた朝礼でした。張り裂けんばかりの大声で、「おはようございます！」「いつもお世話になります！」「ありがとうございます！」を延々と叫び続けさせられるのです。

前職では日課だったのでしょう。まず大声での朝の挨拶に驚かされたのです。「声が小さい！」「まだまだ！」「気合が入っていない！」「気持ちが入っていない！」F課長が叱咤激励をし続けながらの10分間に及ぶ絶叫挨拶によって、初日から武地さんはじめ他のメンバーも少しガラガラ声に……。

歓迎会では「この一杯は絶対無二の一杯なり、気合を入れて飲め！」と、お酒の飲み方までもが超体育会系の有様です。武地さんはお酒が強いほうではないのですが、あまりの緊張感に普段の倍以上の酒量でも酔わなかったそうです。その代わり家に帰った途端に玄関で意識不明状態になり、翌朝までそのまま寝込んでしまったのでした。

もっともつらいのはF課長との営業同行です。客先には「新任課長を連れてご挨拶に伺います」と伝えているにもかかわらず、「訪問すなわち営業だ。常に売るつもりで行け！」と場違いなセールストークを並べ立て、訪問先の空気を凍らせるのです。電車や徒歩での移動中には、「君にとって仕事とは何だ？　意味を見出せ！　価値を創造するんだ！」と自己啓発系セミナーを受け続けているような状態です。

身体よりも精神的に疲れ果てて帰宅し、何の気なしにテレビをつけると松岡修造氏の〝アツい言葉〟が。その瞬間、自分では無意識のうちに飛び上がって後ずさりをしたのでした。

武地さんは入社九年目にしてはじめて、出社する朝を憂うつに感じているのでした。

あきらめなければ夢は必ずかなうんだ!!
カラ回りしてるんだっての!
勘弁して下さい。ついていけません。
ボロッ

「苦手な人」との遭遇

これまでにあげた「苦手な人」の事例はほんの一例にすぎません。
「不快を感じる人間関係」という切り口で、「怖い」または「イライラする」というキーワードで絞り込むと、さらに「苦手な人」の存在が浮かび上がってくるでしょう。

陰で足を引っ張ろうとする「卑怯者」
ネチネチと嫌味を言い続ける「靴底に付いたチューインガム型」
何を考えているのか表情に出ない「能面さん」
とにかく細かいことまで突っ込んでくる「あら捜し屋」
理論・理屈でおしまくる「ロジカルさん」
人によって態度をコロコロ変える「カメレオン」
自分が正しいと信じて疑わない「ガンコ者」
自分にも他人にも優しく出来ない「悲劇の主人公」

心配性で無駄な行動が多い「慎重さん」
何度言っても同じ失敗をする「リピートさん」
叱るとすぐに落ち込む「しおれ花」
口は達者だが行動がともなわない「有言不実行型」
愚痴と不幸話しかしない「究極ネガティブ」

などなど、「苦手な人」を細分化すると膨大なケースにのぼり、「いつあなたが苦手な人に遭遇してもおかしくない」とも言えるのではないでしょうか。

もちろん、「ちょっと怖いけれど、うまくやれている」人との関係や、「イラつくけれど許容範囲内かな」という関係のほうが多いものです。しかし問題は、その許容範囲を超えた〝苦痛を感じる〟ほどの相手との関係を改善することです。

その方法とアイデアを次章以降で見ていくことにしましょう。

第2章

なぜ、その人にイラついてしまうのか

その人が理解できないからです

まずこの章では、あなたが〝**イライラする**〟〝**ムカムカする**〟「苦手な人」に焦点を当てていきましょう。

第1章で整理したところでは、「イライラする」という感情の源は、**「ペースが合わない」「価値観・常識が違う」「成熟度が違う」**などでした。

あなたの日常生活において、イライラするときは、たいていこれらの要素を含んでいるはずです。

例えば、朝の満員電車に乗って、何とか座れたと安心し、目を閉じてゆっくりと今日の仕事の段取りを考えようとしているとします。そのとき隣の席のお兄ちゃんが、ガンガンのロックをヘッドホンから垂れ流していると、あなたはとてもイライラするはずです。それは、あなたのワルツのようなリズムと、お兄ちゃんのガンガンロックの「ペースが合わない」からです。

「別に成功とか、成長なんて仕事に求めていませんよ。やるべきことはやりますけど、それは食べていくための手段でしょう」という、後輩のやけに冷めた顔を見ていて、あなたは許せない気持ちになるかもしれません。それは、「仕事こそが人間成長の場である」という、あなたの価値観ゆえかもしれません。思わず言いたくなるセリフは、「それで働いていて、何がおもしろいの？　理解できない」

待ち合わせをするたびに、30分以上遅れてくる友達に対してイライラするのは、「友達といえども、約束は必ず守るべき」というあなたの常識からすると、理解できないからでしょう。

あなたの部下として配属された新入社員は、挨拶をさせても蚊の鳴くような声で、簡単な業務を教えても呑み込みがやたらに遅い。少人数で多岐にわたる業務をこなさなければならないというのに、「はずれクジを掴まされた」「こいつはなぜ、こんなにトロいんだ」とイラつくばかりです。

息子はもう小学生高学年なのに、忘れものばかりして先生からはいつも指導される。宿題が出ていたことも完全に忘れていることがある。自分の意見がはっきりと言えな

なぜ、イラつくのか

価値観・常識が違う
仕事一筋
趣味が一番
イライラしてしまう
成熟度が違う
あれとこれできる？
余裕です
ピヨ
何も出来ません！
がんばります！
入社５年目
入社１年目
ペースが違う
カタカタカタカタ～
猛烈スピード
ゆっくり

いでウジウジとしている。

「わが子ながら、どうしてこんなんだろう」と、ついイラついて責め言葉が出てきてしまう。

こんな時には、「信じられない」「理解できない」という言葉が出てきてしまうものです。

わからないことは拒絶したくなる

人間は、「理解できないもの」つまり「異質なもの」に遭遇すると、大きなストレスを感じます。こちらのペースを崩し、現在の状態に影響を及ぼし〝変化させてしまう〟可能性があるからです。

人間は〝変化〟をとても嫌うのです。

「変わったほうがいいだろうな」と思ったとしても、変化することを恐れるのです。

その理由の一つとして、人間には「恒常性機能」というものがあります。これは、「常に変わることなく、一定の状態を保つ機能」というものです。

例えば、心拍は一分間に60回前後で安定していますし、体温は36度前後を維持しています。呼吸も一分間に15回ぐらいです。これらは意識しなくても、ありがたいことに一定を維持してくれているのです。なぜならば、生命を維持するためには一定を保ち続ける必要があるからです。

風邪のウイルスが体内に入ってくると、免疫機能が働きだし、ウイルスをやっつけるために38度や39度ぐらいまで発熱しますが、やっつけてしまえば再び36度で安定します。100メートルを全力疾走すると脈拍は120ぐらいまで上がり、不足した酸素を筋肉に送ってくれますが、酸素が行き渡ればまた60で安定します。

つまり、〝変わる〟ということは異常事態であって、恒常性機能はたちどころにその異常を察知し、元の安定状態に体を維持しようと働くのです。

そして、**人間には身体の恒常性機能だけではなく、〝心の恒常性機能〟もあります**。これは身体とあわせて〝生命の恒常性機能〟と言うべきもので、やはり「変化」を「異常事態」=「不安」と感知し、元の状態に戻そうと、変化しないように必死で抵抗します。変化しないほうがリスクも少なく、不安からくるストレスを受けずに済む

心の恒常性が“変化すること”を避ける

からです。

　ですから、**あなたが「変わったほうがいいなあ」と頭でいくら考えたとしても、本能では不安とストレスを感知しますから、変わることを拒絶してしまう**のです。

　さて、イライラする「苦手な人」にこのことを重ね合わせてみてください。あなたと〝異質なもの〟を持っている相手と遭遇すると、あなたの恒常性機能は反応し、〝異常事態〟と察知するはずです。だから、思わず「信じられない！」「理解できない！」という言葉が出てきます。

　しかし本当は、「理解できない」のではありません。その相手から影響を受ける、あるいは変わることがストレスになるため、自分の肌に合わないものは、〝わかりたくない〟〝受け入れたくない〟という拒絶の心理が働くのです。

「あきらめる」ことでラクになる

〝身体と心の恒常性機能〟の働きによって、外部から影響を受けること、そして変化を拒絶するのは当然であると述べました。それこそが生命を維持するために必要な、一つの機能だからです。

しかしながら、人との関わりにおいても〝恒常性機能〟に基づき変化を避け、変化の源となる相手を排除していたのでは、人間関係の広がりや自己成長がなくなってしまいます。

「自分の肌に合わない者は排除し、自分と同じペース、似ている価値観、同じぐらいのレベルの成熟度の人間ばかりと付き合う」ことは、確かにストレスもなくイライラする機会も少ないでしょう。

しかしそれでは、〝今の自分〟という領域から一歩も出ないことになります。安定はしていても進歩はありません。

つまり、引きこもって生きていくというのならいざ知らず、社会の中であなたが成長して**生きていくためには、自分の枠組みから出てリスクを冒す必要があるのです**。その〝リスク〟とは、「他人から影響を受け、ときにはイライラし、あなた自身が変化しなければ対応できない」という状態に一歩踏み込むことです。

そしてよく見渡すまでもなく、**私たちの日常生活で出会う人たちは、「自分と合わない人」だらけ**です。妻も夫も、わが子だって。ご近所の人たちも、会社の後輩も部下も。ほとんどの人たちが実際には、あなたと違うペースや価値観・常識、成熟レベルにいるのです。そんなものです。それが現実であり、もう「しゃーない」わけです。

あなたがイライラする「苦手な人」と遭遇したときに、「わかりたくない」という気持ちになるのは、〝恒常性機能〟から考えると当然のことです。しかし「わかろうとする」ことで、あなた自身の枠組みが広がり、〝心の恒常性機能〟が解かれることで人間関係も変わってゆきます。

世のなかは「自分と合わない人」だらけ

価値観、ペース、成熟レベル……
違うのは当たり前。

▼

あきらめる

つまり、**イライラする自分をどうにかするためには、この世の中は「いろいろな意味において、合わない人だらけだ」ということを受け入れる**のです。

ただし、〝受け入れる〟というと、何やら崇高で難しいイメージがあるので、**「あきらめる」**という言葉を使ってはどうでしょうか。

「あきらめる」とは、期待も希望も無くした深刻な状態ではなく、「明らかに認める」つまり、「出逢う人は、自分とはペースも価値観・常識も、成熟度も違って、合わないことが当然なのだ」ということを、「**あきら**かにみと**める**」のです。

〝受け入れる〟というのは難しそうでも、「あきらめる」ならできそうに思えませんか？

自分のスタンダードとのギャップ

人は、知識や経験がはるかに優っている人と付き合っていくことで、プレッシャーやストレスを感じながらも成長できるのです。逆に、自分よりもずいぶん年下で経験も浅く、発展途上の人たちと関わり、仕事を教えることでも成長させてもらえることが多いのも事実です。

子どもや後輩・部下を教えることで、生活や仕事の根幹を再確認し、ものごとの基本を大切にすることを思い出させてくれます。

〝他人に教える〟ということは、自分で出来るようになることに比べて何倍も難しいことですし、あなたのレベルを高めてくれるものです。

自分とは違うペース、違う価値観、違う成熟度の人たちに、あなたが教えることをマスターしてもらうためには、イヤでもあなた自身の枠組みを広げなければなりません。それは彼らの言葉で語り、彼らの思考で考え、彼らのレベルで物事を見てみないと、彼らの心にまでは伝わらないからです。

人は無意識的に、自分のスタンダードが「世の中の当り前」だと感じています。そうでなければ、人との出逢いで驚くことも、怖がることも、感動することも有り得ないでしょう。**「えー、うそー」「ほんとに!?」「すげー!」「まさか」「何でだよ」**という言葉が出てくるのは、**あなたの〝スタンダード〟からはみ出した人や出来事**に遭遇した時のはずです。

スタンダードを越えたところに感動がある

あなたのスタンダードを超える人や出来事との遭遇を「避けたり、排除する」ことは安全ですが、感動無き生活と人生になってしまうということです。

〝感動とは、自分のスタンダードを超えたものとの遭遇である〟と言えるでしょう。

そうはいっても、忘れ物をする子どもには〝イライラ〟するでしょうし、未熟な部下や、甘えた後輩にも〝ムカつく〟でしょう。妻や夫が、まるで理解してくれないことにもイライラします。しかしその、**「理解できない人たち」を「理解してみよう」と、一歩踏み出すことが自分のスタンダードを打ち破り、今まで気付かなかった発見**

やアイデアを与えてくれる機会になるものです。

自分の嫌なところと似ているから

〝拒絶したくなるようなイライラ〟のもう一つの理由に、「相手の中に、よく似た自分を見る」というものがあります。これは心理学で「投射（投影）」と言います。

「自分と異質のものに遭遇するとイライラする」と書きましたので、矛盾するようですが、そうではありません。

例えば女児を持つお母さんたちの多くが、娘を見ていてとても嫌な感じがしてイライラすることがあります。それは娘が嘘をつこうとしているとき、ズルいことを考えているとき、叱られてお父さんに取り入って助けてもらおうとしているときなど、その前にわかってしまうからです。

「お母さんにはわかるのよ。あなたズルいことを考えているでしょ！」

これは、**自分が子どもの頃にしていたことと、いま目の前で娘がしようとしている**

ことがダブるからです。かつては自分の中にもあった、嘘をついて自分を守ることや、〝女性〟をつかってうまく取り入ることなど、思い出したくない部分なのでしょう。それは、**まるで自分のイヤらしい、あるいは未熟な部分を再現ビデオで見せられている気分**になるのです。

あるいは、未熟な部下にイラつく人も同じ文脈かもしれません。**世間知らずで、仕事もできないのに社会をナメていたかつての自分を、目の前にいる部下と重ね合わせて見てしまう**のでしょう。

これらの共通点は、今の自分とは違う――いや違うと思いたい、かつての未熟な自分を、相手を通してまざまざと見せつけられている気分になるということです。

つまり、「自分と相手は異質だ」と思いたいイライラなのです。

このイライラの解決方法も、「あきらめる」ことになります。相手の未熟さも、はしたない言動も、人間がみな持っている要素なのです。それは確実に、あなたの中にも存在するのです。

わが子を見ていて、部下や後輩を見ていて、何やら〝痛痒《いたがゆ》い〟気持ちになるとしたなら、かつての自分にもそういう時期があったのでしょう。

嘘をついて自分を守ろうとする人、うまく取り入って利益を得ようとする人を見つけて、許せないようなイライラを感じるとしたなら、自分にも同じ要素があるからです。

つまり**「はしたないことを堂々とやるあの人は、私とは異質だ」と思いたい**のです。でも実際には〝同質〟です。そのことを認めたくないから、イライラするのです。〝自分との闘い〟をしているわけです。

そうすると解決策はやはり、「自分も子どものころは、甘えていたよなあ」「新人のころは未熟だったよなあ」「嘘をついてでも、自分を守りたくなる弱さって、あるよね」と、自分にも同じような部分があることを、「**あきら**かにみと**める**」ことでしょう。つまり、自分の未熟なところ、弱いところを〝受け入れる〟のです。

逆に、「受け入れたくない」ということは抵抗することですから、自分の未熟な部分を嫌っているのです。つまり、他人に対する嫌悪感には、「同じ未熟な部分を宿し

自分と「似ているところ」が嫌い

未熟だったかつての自分を思い出させる

▼

「いや、私も昔は甘えていたな、未熟だったな」

とあきらめる！

ている自分」に対する〝自己嫌悪〟がその源にあるということです。

イライラ解消の方法は、やはり自分に対する〝あきらめ〟ということでしょう。

強い正義感もほどほどに

イライラ・ムカムカする「嫌いな人」「苦手な人」は、あなたからすると〝異質〟だと感じているか、思いたいかの、いずれかです。

その前提にしているのは、「私は正しい」ということではないでしょうか。まさか、「私は間違っている」という前提に立って、他人にイライラすることはないはずです。「私は正しい。間違っている（あるいは未熟な）あなたは異質だ」という前提に立っているのです。この前提を変えない限りは、あなたのイライラをコントロールすることは不可能です。

私たちはよく、「あなたは間違っている」「あの人は間違っている」という言葉を他人に対して使い（思い）ます。しかし、ほんとうにあなたが正しくて、相手が間違っているのでしょうか。

ほんとうは、「あなたは**間違っている**」のではなく、「あなたは私と**違っている**」だけなのです。あなたの周囲の人たちは、あなたと違うものをたくさん持っているものです。

あなたとは個性が違います。好みが違います。年齢が違います。経験が違います。立場が違います。役割が違います。性別が違います。違うことだらけです。

その「違うことだらけ」の中で、本当にあなただけが正しいのでしょうか？

「正しさ」を売り物にしている人が、よく使う言葉に、**「間違いを正す」**というものがあります。この言葉を使っているうちは、他人に対するイライラの感情はコントロールできません。そして対人関係も良いものにはならないでしょう。

しかし、**「違いを埋めるよう、働きかける」**という言葉を使うと、イライラをコントロールできるようになり、コミュニケーションも「理解的」なものに変わります。

人間という有様には、「正しい」も「間違っている」も無いのでしょう。それぞれが素晴らしく、愚かな部分も抱えています。

人間は、状況によっては勇敢になり、別の状況では弱虫にもなります。未熟だった人が、大成することもあります。立場の違いから、守るべきものが変化もします。役割が違えば、なすべきことも違います。男女という性差から、感じ方も考え方も違ってきます。

「正しい」「間違っている」ではありません。そこにあるのは唯一、「違い」だけではないでしょうか。

自分の「正しさ」を証明しようとすれば、イライラの感情から解放されることはなく、「苦手な人」もいなくなることはありません。大切なことは、「違いを埋めるよう、働きかける」ことで、協力者を一人でも多く生み出すことではないでしょうか。

第3章

なぜ、その人のことを嫌いになってしまうのか

あなた自身がつくり出している「苦手な人」

「人間関係って、化学反応みたいだな」と私は思います。

例えば物質Aと、物質Bを混ぜると〝X〟という反応が起こるとします。でも物質Aと〝C〟という物質を混ぜると、今度は〝Y〟という全く違う反応が起こるわけです。

このことを人間関係に当てはめてみましょう。

Aさんという人が、あなたにとってたまらない「苦手な人」だとします。これが反応〝X〟です。しかしAさんが〝極悪非道のX〟かというと、Cさんという別の人が関わると〝Y〟というとても良い反応が起こることがあるのです。

人間関係ではこのことを俗に、〝相性〟というのかもしれません。そして「Aさんとは相性が悪いから、どうしようもないよ」とあきらめて、避ける・逃げる、あるいは今までの悪いパターンを延々と繰り返すことが多くなるのです。

しかし**〝相性〟は生涯続く因縁などではなく、〝変えることができる関係性〟**なのです。でもその関係性は、Aさんを変えるのではなく、**〝あなたが変わる〟**ことで抵抗なく変わることができるのです。

今までは、「Aさん×あなた＝X」だったのが、あなたが新しいことを学び、少し変わること（＋α）によって、「Aさん×（あなた＋α）＝Z」になるのです。そうすると何もAさんとの関係だけではなく、あなたが新しいことを学んでちょっと変化するだけで、さまざまな人との関係もより良くなっていくわけです。

このことを踏まえて、次はあなたにとって、「苦手な人」の中の「怖いカテゴリー」から考えてみましょう。

〝怖い〟相手との関係は、自分＜相手ということですから、あなたと相手の地位・役割、年齢、経験、性格などの面において、低い・弱い（後輩・部下、年少、未熟、劣勢、弱い）状態にあなた自身がいることになります。

しかし、その低い・弱い状態は地位・立場、年齢、経験などのように必然的に発生しているものだけではなく、あなた自身が「つくり出している」ことに気付く必要があります。つまりその相手との化学反応は、なにも相手の性格の偏りだけではなく、

化学反応のような人間関係

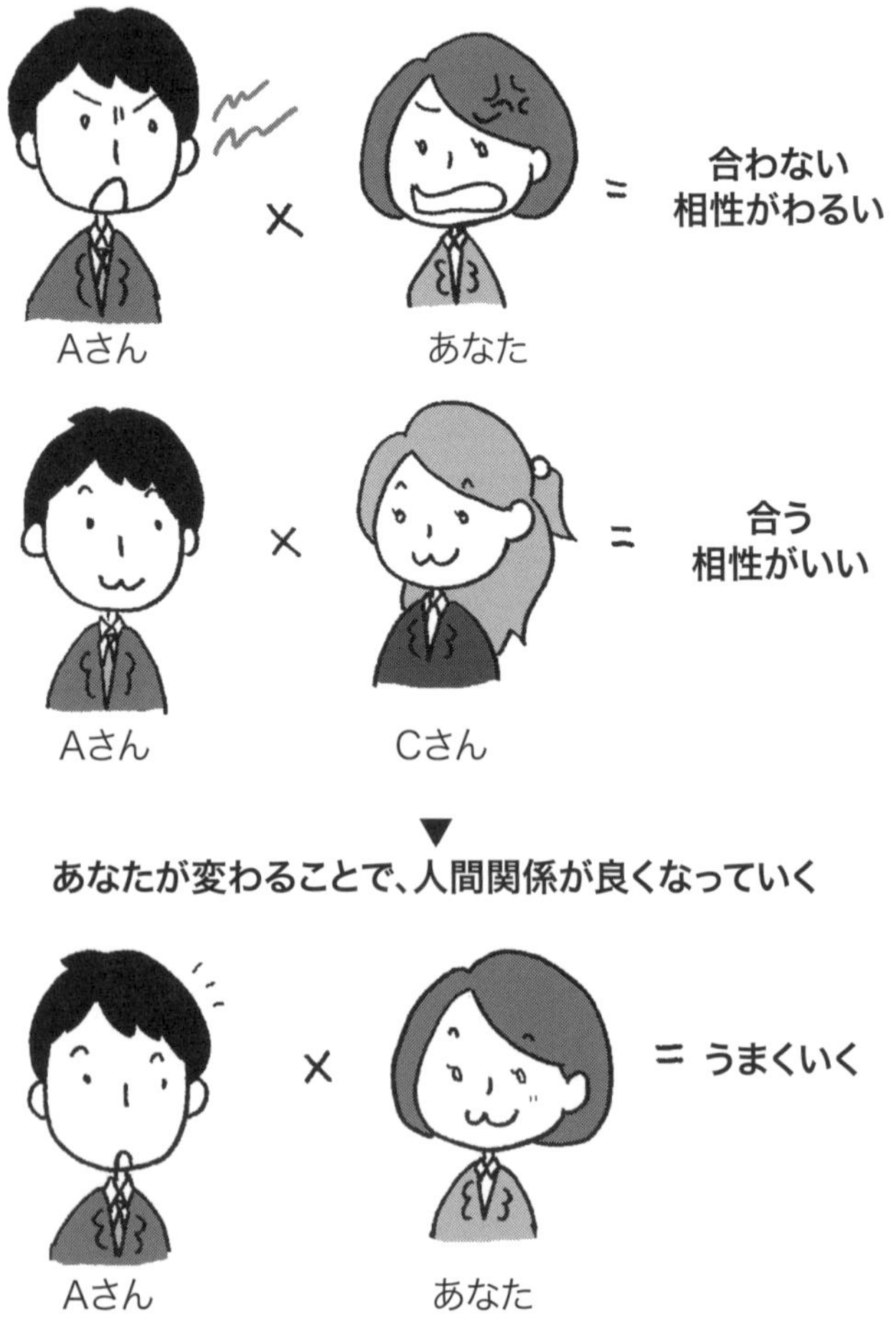

あなた自身も原因の一部になっているということです。

自分自身をどのように感じていますか

あなたは自分自身のことを、どのように感じていますか？　どのように評価していますか？　自尊心を持てていますか？

あなたが「どのように自分を感じているのか」ということが、相手との関係に大きく影響しています。

あなたがもし、**「私はＯＫではない」**というスタンス（意識や思い）を持っているとしたらそれが相手に伝わり、「そう、あなたはＯＫではない」という要素が相手から引き出されやすくなります。

ここで言う「私はＯＫではない」という意味は、**「私は価値が低い」「私は有能ではない」「私は重要ではない」「私は、私のままではいけない」**ということを含んでいます。

具体的な表現をすると、「意思表示をはっきりしない」「反論しない」「追随的」「萎縮しやすい」「自信が持てない」などです。

もちろん人はみな、自信満々であるわけではないので、「私はＯＫではない」という感覚は誰でも多少は持っています。しかし、この感覚が強いと、相手はあなたを「弱い存在」とみなして、無茶な言動を取る可能性が高まります。

「私はよくいじめられるのです」「キツく当たられることが多くて」と言う人たちは、みなこのタイプです。

もちろんあなたのせいばかりではなく、相手にも「批判的」「攻撃的」「強制的」などあなたを脅かす要素があります。しかし、その「苦手な＝怖い」要素は誰にでも同じように発揮されるかというと、必ずしもそうではない場合があります。例えば、**同じミスをしたとしてもキツく叱りやすい人と、なぜか叱りにくい人がいる**ようにです。

もしあなたが必要以上にキツく当たられる、あるいは理不尽な言動をぶつけられる機会が多いとしたなら、「私はＯＫではない」というスタンスを無意識の中で感じている可能性が高いでしょう。

「怖い人」の意識・無意識

では反対にあなたが「苦手な＝怖い人」の意識・無意識ではどうでしょうか？　あなたに対して、「批判的」「攻撃的」「強制的」な相手は、自分のことをどのように感じるのでしょうか。

おそらくはあなたとは反対に、**「私はＯＫである」**と感じているでしょう。それは、**「自分は正しい」「自分は優っている」「自分は有能である」「自分は価値がある」**という意識もしくは無意識での感じ方です。

しかしこの、「私はＯＫである」という自意識が悪いわけではありません。むしろ理想的だと言ってもよいでしょう。自分を大切にし、尊重し、良いところもそうでないところも含めて、自己を受け入れることは対人関係においては必要なことです。

ただし問題となるのは、**「私はＯＫで、正しい」という思いが高じてしまうと、「あなた（他人）はＯＫではない」という意識と態度が現れやすくなる**ことです。これは

強い人には媚びて、弱い人には強くなる心理

「私はOKではない」というスタンスが大きくなると、
相手はますます強くなる

必ずそうなるわけではありませんが、その可能性を高める役割を、あなたがしているのです。

あなたの「私はOKではない」というスタンスから来る、ある意味で謙虚な態度や姿勢は相手の「私はOKで、正しい」というスタンスを助長し、必要以上に強めてしまう可能性があるのです。そうなるといよいよ相手は、あなたとの関係において、「私はOKである。あなたはOKではない」というスタンスを強靭《きょうじん》にしてゆき、あなたにとって「苦手な（怖い）人」となっていくのです。**「強い者には迎合し、弱い者にはめっぽう強い」という人は、このようにしてできあがる**のです。

「怖い人」へはどう対処したらいいの？

このような心理が互いの中で働き続けている限りにおいては、あなたと「怖い人」との関係性は変わりません。あなたがその「怖い相手」から逃げようとすれば、あなた自身はますます、「私はOKではない」という自意識を強め、相手はますます「私はOKである。あなたはOKではない」を強めていきます。そしてあなたにイラ立ち、よりいっそう理不尽な態度をとるようになるかもしれません。**〝怖い世界の人たち〟にビクビクして逃げ腰になると、よりいっそう相手はのしかかってくる**、という話を聞いたことがありますよね。

少々極端な例かもしれませんが、東京・新宿歌舞伎町にある、ホテルの女性支配人の話を紹介します。

その女性支配人は大手ホテルグループの、「女性の力を活かそう」との方針により、ホテル業界未経験で採用され、歌舞伎町にあるホテルの支配人として着任したそうです。

ところが歌舞伎町の奥エリアにあるこのホテルの周囲は、暴力団の組事務所や本部がある環境で、そこの人たちが肩で風を切って歩いていたのだそうです。そしてホテルのロビーにあるソファで寝転んだり、ホテルのカフェを休憩所代わりに使い、大声で騒いだりもするそうです。

彼女はホテルの支配人ですから、利用客と従業員、そしてホテルを守る使命がありますす。はじめはガクガクと震える足で近づき、ホテルから出て行ってもらえるように言います。ところが相手は「その筋の人たち」ですから凄まれ、「命が惜しくないんかい！」とまで言われるわけです。

しかし彼女は、プロレスラーのような体格の筋者たちに囲まれながらも、後ずさりすることなく、逆に一歩前に出てでもう一度、「私にはお客様の安心と安全、そして従業員とこのホテルを守る使命があります」と自己主張し、出て行ってもらえるように伝えたそうです。

そんなことが2年ほどは続いたそうですが、今では「その筋の人」はまったくホテルには入ってこなくなったそうです。そして警察署ではこの女性支配人のことを、「歌舞伎町のジャンヌ・ダルク」と呼んでいるのだとか。

彼女を紹介した月刊誌に載った彼女のコメントです。

「私の頭の中には、どんな人だって話せばわかるという思いが常にあるんです。（中略）もし相手を怖がったり、毛嫌いして、早くこの人を追っ払いたいと思いながら対応をしていたら、相手にも伝わって、きっともう私は殺されていたと思うんです。でも私は一度もそういう対応はしていません。怒鳴られたら、一つでも優しさを返そう。

そんな思いで相手と向き合ってきました」

いかがでしょうか？　このような対応のできる人は、彼女以外には見当たらないかもしれませんね。しかし、「私のスタンス（意識や思い）」が相手には確実に伝わり、関係性をつくるのだということを教えてくれている実例です。

あなた自身の「スタンス」を変えることです

あなたと、「苦手な（怖い）人」との関係を変えるためには、〝相手を変える〟のではなく、〝あなたが変わる〟ことがやはり一番の方法なのです。

では、どのように変わればいいのかというと、「私はＯＫである」というスタンス（意識や思い）を持つことです。それは「私は価値がある」「私は必要とされる」「私は尊い」「私は、私のままでよい」という**〝自尊心〟**を持つことです。

「私はＯＫである」というスタンスや〝自尊心〟は、もちろん何もしないで「ある日突然」に得られるものではありません。**職場においてであれば、自分の与えられた仕**

事を完結し、身近な人に協力し、貢献してこそ得られる自己意識です。

あなたがもし、すでに周囲に対し貢献しているのであれば、そのことを再確認し、高めてゆくことです。これは日々のトレーニングで必ず得られる〝**心の習慣**〟です。

もしかするとあなたは、今までの生活や人間関係において、自分を低く見積もってきたのかもしれません。〝**謙虚**〟**は行き過ぎると、**〝**自己卑下**〟**になってしまう**のです。行き過ぎた〝謙虚さ〟は美徳でも何でもなく、あなた自身をつらくさせ、良い人間関係づくりを阻害することにもなります。

日々あなたがしていることを取り上げ、できていること、他者や組織に貢献していることを意識に引き上げることです。あなたが頑張っているのであれば、必ずたくさんあります。それはたとえ些細なことでもいいので、たくさん意識に上げてみてください。

繰り返しますが、〝できていないこと〟ばかりに焦点を当てて、自分を低く見積もりすぎてはいけません。

「私はＯＫである」というスタンス（意識や思い）は、心の習慣からつくられます。

「私は価値がある」「私は必要とされる」「私は尊い」「私は、私のままでよい」という〝自己説得〟です。思い出したときでいいので、何度も何度も繰り返して自分に言い聞かせることです。

そして次に必要なことは、「私はＯＫである」というスタンスから、「できること」「できないことを」はっきり伝え、さらに自分の考えを「自己主張」することです。

先ほどの女性支配人の事例を思い出してください。「怖い筋」の人にも、はっきりと自己主張しています。

相手を否定・非難しているのではなく、自分の立場と思い、そして実現したいことを伝えているわけです。それがもし正当なものであれば、相手だって「あなたはＯＫではない」とは言えないものです。そして互いの関係性に影響を及ぼし、変化していくのです。

忘れてはいけないのは、話せば必ずわかりあえる――「あなたもＯＫである」というスタンスに立っているかどうかです。それは必ずと言ってよいほど相手には伝わり、

怖い人との人間関係を改善する方法

**日々の行動から「私はOKである」
スタンスを強くする**

▼

はっきりと自分の立場と思い、実現したいことを伝える

相手の心を鎮めることになります。なぜならば、「あなたには価値がある」「あなたは必要とされる」「あなたは尊い」「あなたは、あなたのままでよい」というメッセージを含んでいるからです。

この、**「私はＯＫである。あなたもＯＫである」**というスタンスは、人間尊重に基づいたスタンスであり、あなたに強靭さをもたらしてくれるスタンスでもあります。

第4章

感情を乱されない「打たれ強い」自分になる方法

やっぱり、「あきらめる」ことです

私たちは日常生活において、環境からさまざまな影響を受けています。「環境」とは、天候や気温、オフィスのレイアウトやBGM、そして周囲にいるたくさんの人たち——これらの「環境」から受ける影響によって、気付かないうちに〝心模様〟も変化しているのです。

私たちは雨が降ったり、蒸し暑かったりすると、「今日は雨が降っているから気分が滅入るなあ」「こう蒸し暑いと仕事に集中できないよ」と、出来事や状況が自分をイヤな気分にさせたのだと思うものです。

対人関係では、「アイツの態度がムカつくんだよ」「あの一言でやる気を失った」などと、やはり相手の行動や言動が自分の気分を決めているのだと思い込んでいます。

しかし雨が降ってすべての人が滅入っているかというと、そうではありません。

対人関係においても〝その人〟と関わるすべての人がイラついたりムカついたりするわけではありません。

ある人は滅入っているけれど、別の人は満足そうにしていたりします。

またさらに別の人は心弾ませ、楽しんでいる人がいたりもします。

つまり出来事や状況が同じでも、まったく違う心の状態が見られるわけです。


私の知人にスコットランドから来日した男性がいます。

日本で10年近く暮らしている彼に、「日本で過ごしてみて、一番好きなシーズンはいつ？」と尋ねると、「林さん、僕は日本の梅雨が一番好きなんだ」と答えてくれました。

私の勝手な予想では、「色とりどりの風景を通じて、目で季節が感じとれる秋だろうな」などと思っていたので、予想外の回答に驚かされました。

思わず、「どうして梅雨なの？　日本人だって梅雨を嫌がる人が多いのに」と尋ねると、「僕の故郷スコットランドは雨が多い地域だから、梅雨空を見上げ、雨の音の調べ、空気を吸い込むことで、１万数千キロも離れた故郷スコットランドを感じることができる。そうすると僕の家族や親友たちがすぐそこにいることがわかるんだ。だから梅雨は故郷との距離を縮めてくれる時期なんだ」と彼は言います。

雨の季節から、心にエネルギーをもらうわけです。

また私の姪は、どういうことか子どものころから傘が大好きで、雨具のコレクターでもあります。

彼女曰く、「朝一番の天気予報で、『今日は一日中雨でしょう』と予報が出るとワクワクする」そうです。

なぜかというと、新しい傘のコレクションを披露できるチャンスだからです。

この二人の話からだけでも、「雨が気分を滅入らせて、最低の一日にする」のではないことがわかります。

雨が最悪なのではありません。雨に対する「あなたの解釈」が一日を最低にしているのです。

「雨が降っている」という**出来事や状況には、何の意味もない**わけです。

私たちの日常生活では、必ず雨が降ります。それはたとえ、雨が降ってほしくない

同じ出来事でも解釈しだいで気分は変わる

ときでも、降るわけです。それはもう、「あきらめる」しかないのです。

私たちは心のどこかで、「こうなってほしい」「こうあるべきだ」という都合の良い予想や期待を持っています。その予想や期待通りになることを、〝順境〟と言います。

逆に、予想や期待から外れる出来事や状況に遭遇することを、〝逆境〟と呼んでいます。

〝逆境〟が人を不幸にするわけではありません。〝逆境は不幸だ〟という思い込みが、まさしくその人を不幸にしているのです。

〝心模様〟は自分で変えることができるし、

作り出すこともできるのです。

心の解釈を〝少し〟変えてみる

現実生活の中では、都合の良い予想や期待が外れることだらけではないでしょうか。

「外出しようとしたら雨が降り出した」「忙しい時にクレームの電話が入ってきた」「人手不足なのに、仕事の呑み込みの遅い部下が配属されてきた」「尊敬できる上司を期待していたのに、保身一辺倒の上司だった」このようなことが日々、平気で起こるわけです。

それは、そんなものです。「しゃーない」んです。

しかしこれらの〝逆境〟があなたをイライラさせ、最悪の結果に引きずり込むわけではありません。あなたの「心の解釈」を少し変えることによって、出来事や状況は違う意味や結果となって私たちの前に現れるのです。

「外出しようとしたら雨が降り出した！」

←

「そんなこともあるわなあ。しゃーない、しゃーない」

「雨の日はロマンティックな心理になる人が多いそうだ。特に傘をさしながらも、笑顔の人はとてもモテるというし。今日は思わぬ出逢いが待っているかも……」

「忙しい時にクレームの電話が入ってきた！」

←

「お客さんはこちらの都合は知らないから、電話してこられるよな。しゃーない、しゃーない」

「今は怒っていらっしゃるけど、クレームは会社へのラブコールとも言う。徹底的に気持ちをお聞きして、当社の絶対的なファンになってもらおう。そして見込み客も紹介してもらうチャンスもあるかも……。成績アップ、ボーナスもアップ！」

「人手不足なのに、仕事の呑み込みの遅い部下が配属されてきた！」

←

「仕事が早くて優秀な人ばかり採用できるわけもないし。しゃーない、しゃーない」
「しゃーないけど、せっかくここで出会ったのも何かの縁。しっかり育てて、立派なビジネスマンになってもらおう。そのノウハウが他の社員教育にも当然使えるはずだ。多くの管理職が同じような問題で頭を抱えているに違いないから、ブログに書いたら共感してくれる人がいるかもしれない。何よりも自分の成長にもつながること間違いなし」

「尊敬できる上司を期待していたのに、保身一辺倒の上司だった！」

↓

「上司とはいえども人間である。自分とは立場も違えば、彼にも守るべきものがあるのだろう。しゃーない、しゃーない」
「そういう保身上司を担ぎ上げて、大きな仕事を成功させてみよう。リスクは自分が背負ってやる。手柄はあの上司に全部あげよう。自分は手柄のために仕事をしているのではなく、顧客の幸せを創造するために仕事をしているのだから……。取引先の人はきっと評価してくれるだろう」

心の強い人は、状況に対する選択肢が多い

いかがでしょうか。まあこんなにもポジティブ思考になれなくても、心の解釈を〝少し〟変えるだけで出来事や状況の意味も価値も変わってきませんか。少なくとも、腐った気持ちで過ごすことからは解放され、自己成長にもつながるはずです。

「心の強さ」とは、出来事や状況に対する〝意味づけの選択肢が多い〟だけなのです。

「雨が降った」＝「最悪の一日である」という、一つしか選択肢を持たない人を、「固定観念の強い人」といいます。

人は人、自分は自分

話が少し本題から逸れるかもしれません

が、哲学者の中島義道先生は著書の中で、「いじめは日本人のＤＮＡに刻み込まれているようなもので、どれだけ専門家が頭を悩ませようが、教師が声高に叫ぼうが無くなることはないだろう。そのＤＮＡに刻み込まれていることとは、〝みんな一緒に〟ということである」と述べられています。

この〝イジメ〟に対する考えには賛否両論あるでしょうが、確かにそういったメッセージが日本人のＤＮＡには刻み込まれているのだと思います。

小学校にあがると、授業も給食も、遊びも運動会も、「みんなと一緒」を要求されます。それができなければ注意・指導、そして矯正されるのです。

もちろんそれが悪いわけではなく、社会の中で周囲とのバランスをとって生きてゆくためには必要なこともあります。

農耕民族である日本人が、飢饉になるほどの天災に見舞われたときには、集団の力で乗り越えてきたのです。村社会という力を発揮するためには、「みんなと一緒」の行動をとり、互いに協力し合う必要がありました。

しかし「みんなと一緒」という、日本人のスタンダードな価値感も、行き過ぎると自らを苦しめ、他人をも苦しめることになります。

例えば小学校、中学校では、雰囲気がちょっと違う子は不思議がられ、からかわれて、挙句の果てはイジメのターゲットにされてしまいます。

なぜイジメるのか？　と聞いても、イジメた子どもからは明確な回答は返ってこないでしょう。

なぜなら、「なんとなく」だからです。

「なんとなく、みんなと違うから」なのかもしれません。

しかし、「なんとなく、みんなと違うから」からかわれ、そしてイジメへとエスカレートし、挙句の果てには自らの命を絶ってゆく子どもたちが驚くほどの数に上るわけです。なんとも悔しい限りです。

大人になって社会に出てからもそれが続きます。

「みんなと違って、成果があがらない部下」にイラつき、きつい言葉を発して相手を傷つけ、また自らもストレスをため込んでいく人。

「みんなと同じようにできない」ことで罵倒され、その日々の繰り返しの中ですっかり自己嫌悪になり、日々肩身が狭い思いをしている人がどれほど多いことでしょうか。

しかし現実には、組織や上司が決め込んでいる〝スタンダード〟で、やれている人は一部であって、多数の人たちは〝スタンダード〟から外れているか、外れていない印象を与えて自分を守るために必死で装っているものです。

しかしこれらの「これが当たり前」という〝スタンダード〟に過剰反応すると、自分を苦しめることになりかねません。

「人は人、自分は自分」「彼は彼、彼女は彼女」という観念を持っていないと、他人に過剰にイラ立ってしまいますし、自分を蔑《さげす》んでしまうことになります。

「同じでなければならない」という強烈な観念が、日本人のDNAにはインプットされていることを、まずは自覚しておく必要があるでしょう。

自分のスタンダード以外のものが、〝間違っている〟のではありません。彼は、自分とは〝違っている〟だけなのですから。

「打てば響く、阿吽《あうん》の呼吸」って？

「以心伝心」「打てば響く、阿吽の呼吸」などの言葉は、「みなまで言わずとも、わかりあえる」関係を表しています。私たちが日ごろ家庭や職場で、身近な人とコミュニケーションをとる最終的な目的は、ここにあるのかもしれません。

そして同時に、「自分と同じように考え、感じてほしい」「いちいち言わなくても、期待通りに動いてほしい」という思いが働くものです。

私たちは人間関係において、**「一体感願望」**を持っています。

「一体感願望」とは、「同じように考え、同じように感じる家族や仲間に囲まれ、安心（満足）したい」という願望です。家族であれば、同じ生活習慣のもとに暮らし、人生で大切にしたい価値観を共有していることは、大きな安心感につながります。

職場の人間関係においても、働く意味や仕事に対する価値を共有する、一定水準以上の能力を持ったメンバーが集まれば、高い成果を上げることができるでしょう。

しかし実際には、ほとんどの家庭や職場の人間関係は、「一体感」で満たされている理想の状態ではないはずです。

「一体感」をもって、心豊かな家庭生活をしたい、仕事で高い成果をあげたい、という願望は誰もが持っているものです。**一方で、「一体感願望」が満たされないことによって寂しさや悲しさなどの感情や、イライラする感情などが生まれてきます。**

妻や夫、子どもたちと「わかりあえていない」「心が通い合っていない」と感じるときには、とても寂しく虚しい気持ちになります。

部下や後輩たちと大きな価値観のギャップを感じる。しかも思うように動いてくれないし、成果も上がってこないとなると、焦りやイラ立ちから眉間にしわを寄せてしまうことでしょう。

つまり、「わかりあえない」という人間関係におけるもっとも大きな苦しみは、この「一体感願望」が叶わないことから生み出されるのです。

ではこの、「わかりあえない」苦しみから解放されるためには、どうすればいいのでしょうか。

仮にもし、「一体感願望」がなければどうでしょう。つまり、その相手に対して「同じように考えることも、感じることも期待しない」「わかりあいたい、こうあってほしいという期待もしない」関係です。

このような「一体感願望」がなければ、あなたはガッカリすることもなければ、寂しくなることもないし、イラつくことだってなくなるでしょう。きっと常に淡々と、飄々《ひょうひょう》としていられるはずです。

しかし同時に、「他人に何の期待も持たなくなる」ことほど寂しいことはありません。家族には何の期待もしない。職場の人にも何の期待もしない自分を想像してみてください。きっと「心寒い」姿が見えるはずです。

「以心伝心」「打てば響く、阿吽の呼吸」を期待することは、決して悪いことではありません。それは充実した人生を送るための、人間関係における大切な願望です。

しかし重要なことは、「一体感」を持てるまでのプロセスをどのように辿るのか？にあります。

まず「一体感」を持てる関係になるためには、「相手がどれだけ私のことを理解してくれているのか」を考えがちです。**そうではなくて、「私がどれだけ相手のことを理解しているのか」を考えるのです**。

相手のことを理解しようとせず、「オレ（ワタシ）のことは理解して」ではハナシになりません。そういう人のことを「一体感の押しつけ屋」と言います。

余談になりますが、私の担当しているカウンセリング・スクールでは、卒業レポートとして、『身近な人のカウンセリングをする』という課題があります。カウンセリングをする対象は、妻・夫、子ども、両親など家族や親友、部下や後輩などでなければなりません。これらの人間関係は、生活や仕事など、人生において大切なものを共有する相手だけに冷静に聞くことが難しくなります。相手の話の中に時には不満の対象として、自分が出てくることもあります。ですからカウンセリングとしては、たいへん難易度が高いものとなります。

私たちは家族や親友、部下や後輩など、常に顔を合わせる人の話をどれだけ聞いているのでしょうか。わかっているようで、相手の気持ちを理解できていないものです。それでいて自分のことは相手にわかってもらいたいのです。

さて、このような身近な人の話を黙って1時間以上にわたって聞いた結果はどうなるでしょうか。ほとんどの卒業生は、今までにない体験をします。

「夫が仕事でどれだけプレッシャーを感じていたか、はじめてわかりました。家族に対する温かい思いも聞けて、本当に充実した時間となりました」

「妻の子育てに対する不安がそこまで大きいものとは知りませんでした。でも、夫として父として、援助できることに今気付けて本当に良かったです」

「部下なりに仕事への思いは熱いものを持ってくれていたようです。それを聞かずして指示命令をしていたことを恥ずかしく思います。でも、これからのチームワークに期待が持てました」

このような**「まず、理解しよう」というカウンセリング体験を通じて、夫婦の関係、両親との関係、職場の人間関係が大きく前進する**のです。

「一体感」のある関係は、すぐに築けるものではありません。何百回、何千回、何万回のコミュニケーションを通じて、ようやく生まれる感覚なのです。

そのためにはまず、「聞いて、聞いて、聞いて」。

そのあとに、「伝えて、伝えて、伝えて」という面倒くさいプロセスをどれだけ踏

めるかなのです。

「何度言ってもアイツは理解しない」と言って、子どもや後輩・部下にイラついている人は、実際は何回伝えたのでしょう。

松下電器産業（現パナソニック）を創業したあの松下幸之助は、自社の管理職研修で新任課長たちへ毎回こう言われたそうです。

「あんたらこれから課長になりはるんか。たいへんなことやけど頑張ってや。ええか、管理職の仕事はな、同じことを何回も何回も言うのが仕事や。ええか、何回も何回も同じことを言うんや。何回も何回も言うんやで。それでも10パーセントも伝わったらええほうや。そしたら100パーセント伝えよう思ったら、1000パーセントの熱意をもって伝えなあかんで」

嫌われたからって、どうなりますか？

私は関西生まれの関西育ちで、現在も自宅は兵庫県にあります。

その関西人が見ていても、「大阪のオバちゃんは強い！」と思います。

子どものころに祖母の用事に付いて行って、大阪の地下鉄に乗ることがありました。その時の驚きは今でも記憶に鮮明です。

地下鉄・御堂筋線は、大阪の地下鉄で最も乗車数の多い路線です。到着する電車を待っている人がズラリと列を作っています。電車の到着間際になると、どこからかオバちゃんが現れて列の前のほうににじり寄ってきます。

そして電車が到着しドアが開いた瞬間、ものすごいスピードで空いている席にダッシュします。

自分の席を確保するとともに、

「○○さーん、ここの席あいてるでー」

と、お友達の席も自分のバッグを置いて確保します。あの俊敏な動きはアスリート並です。「あれだけ早く動けるなら、座る必要もなかろうに」なんて思ったものです。

しかも並んでいる列には横入り、人目をはばからずの猛ダッシュ。他の乗客を〝ブロック〟してまで友達の席を確保するさまに、みんなあっけにとられてしまいます。

他の乗客は、「もう！　しゃーないなあ」という感じなのです。

あのオバちゃんたちは、「人からどう思われるか」なんてことはまるで考えていな

“大阪のオバちゃん”は、なぜ最強なのか

嫌われたら
どうしよう、
と悩まない
○○さん
ここあいてるでー
しゃあない…
早っ!

いでしょう。**「嫌われたらどうしよう」**とか、**「変に思われたらどうしよう」なんてことで悩むことはなさそう**です。だから最強なのです！

人間関係で悩んでいる人たちの、よくあるパターンに「他人の目をたいへん気にすること」があります。**「悪く思われたくない」「嫌われたくない」という気持ちにつながっていく感覚**です。これはまともな人であれば、誰でもある程度は持っている感覚です。

しかしこの感覚が強すぎると、**「誰からも嫌われてはいけない」という〝観念〟に膨らみ、言いたいことが言えなくなり、自**

由に振る舞えなくなります。そうすると、自分で自分の言動を制限し、萎縮することにもつながってゆきます。

「他人に安心して心を開けない」「ありのままの自分を表現できない」、そして「自分を好きになれない」つらさを抱えている人たちの、悩みの原因はここにあるのです。

そこから逆にわかることとは、**「誰からも好かれたい」「誰からも愛されたい」という観念**です。それがより強迫的になると、**「誰からも好かれ、愛されなければならない」という観念**になります。もちろん本人の頭の中に、「誰からも好かれ、愛されなければならない」という言葉がいつもあるわけではありません。感覚的なものです。

〝観念〟とはそういったもので、常に意識しているわけではなく、ぼんやりと感覚的に持っている思いです。

その観念はまるで、心の深いところから来るようなもので、はっきりと自覚していないだけに気持ちの悪いものです。お腹のちょうど胃のあたりが、どんよりと重く感じられ、妙に寂しく、悲しい気分になります。

自信満々で自分のことが好きな人と、出会った時や一緒に過ごしている時にやって来る感覚です。

世の中にとって、自分がいかにちっぽけな存在で、居ても居なくても何ら問題なく、誰からも「必要で大切だ」なんて思われていない気がしてきます。

心理コンサルタントとして仕事をしていると、このような人によく出会います。よくよく話を聞いてみると、「幼いころから愛情を受けていない思い」が強い人がたいへん多いのです。「勉強やスポーツで頑張っても、イマイチぱっとせず、親からたいして褒められることもなければ、あまり愛されていなかったような気がする」と言われるわけです。「そんな自分が好かれる、愛されるためには相当頑張らないといけない」とも。彼らは「人から良く見られよう」「好かれよう」「愛されよう」という思いで必死に頑張ろうとするのですが、結局は空回りしてぎこちなくなり、余計に落ち込んでしまうのです。

しかし考えてみると、子どものころから勉強もスポーツも良くできて、異性からもモテモテで、お父さんお母さんにいつも褒められて育った人が、どれほどいるでしょうか。

人は、たくさんの人に認められ、好かれ、愛されるにこしたことはないでしょう。たくさんの愛情を受けることは、素晴らしいことです。**でも本当は、たった一人の人に好かれ、愛されるだけでも十分に心が満たされる**のです。**「多くの人に認められ、好かれ、愛されなければ、自分には価値がない」というのは、ただの思い込み**です。

大阪のオバちゃんを見てください。なぜあれだけの強さがあるのでしょうか。「私はなあ、子どもを生んで育てたし、お天道さんに向かって恥ずかしいこともしてへんでぇ。誰が何と言おうが、ちゃんと生きてるんや」という、ごく当たり前のことをして、当たり前に生きていることを誇りにしているだけなのです。そして家族が元気で、そこそこ仲がいいだけで、「誰が何と言おうが、そんなん知らんがなー」という最強の精神です（ただし、迷惑行為はやめましょう）。

あなたにとって一番大切な人を思い浮かべてください。家族でもいいし、友達や会社の同僚でもいいです。その人が落ち込んでいたら、そばに行って話を聞いてあげてください。相手の良いところを見つけて、それを伝えてあげてください。うまくいっ

たった１人に愛されるだけでいい

▼

たった１人に愛されれば幸せ

たことがあった時には、一緒に喜んであげてください。そして、たった一人でもいいから、その人を幸せにしてあげてください。

そうすると、その人がいるだけでも、あなたも幸せになります。

「いい人」から卒業する

「他人から嫌われてはいけない」「好かれないと価値がない」という思い込みを持っている人は、無理をして〝いい人〟を演じることで、結局自分を傷つけてしまいます。

「他人からどう見られるか」ばかりを気にしすぎて、「自分はどうありたいのか」という、自分の重要性をおろそかにするからです。

〝いい人〟を演じ続け、他人からの評価ばかり気にかけていても疲れるばかりです。

それは、「嫌われては**いけない**」「好かれ**なければならない**」という、〝Must（〜ねばならない）〟〜の世界で生きているので、強迫観念を持ち続けることになるからです。

強迫観念まで抱えながら〝いい人〟を演じている自分を、「重要だ」などとは思えません。

人がイキイキと輝いているのは、〝Want（〜したい）〟という世界で生きている時です。〝Want〟の世界にいるときは、他人の評価におびえることもなく、主体的に前進しているエネルギーを感じることができるからです。

〝Want〟が向かう先が、「人の笑顔を生み出したい」「人に喜びを提供したい」「誰かを幸せにしたい」というものであるなら、〝いい人〟なんか演じなくても自分の重要性を感じ、自尊心を持てるようになります。

私は20代の後半、本業はコンサルタントとして勤務し、副業として神戸の三宮でレストランバーを経営していたことがあります。経営していたといっても、雇われマスターではありましたが。

お店の常連客の一人に、当時20歳の青年がいました。彼の職業はプロテニスプレーヤーです。身長は187センチのスラっとしたスタイルが印象的です。アメリカ人の父と、日本人の母の間に生まれたハーフです。それはそれは、男前です。

とても礼儀正しく気持ちの良い青年です。外見とは裏腹に、なんと四字熟語を会話で駆使し、時代劇ドラマはほとんど網羅しています。ハーフである彼の風貌とのギャップが、これまた面白いのです。

お店が暇なある日のこと。ビールを飲みながら話していると、「そうそう、林さん。来週からはしばらく、このお店に来れませんから」という話が出てきました。

「そう、海外遠征にでも行くの？」と尋ねてみると、

「いえ、実は休みをいただいてボランティアに行かせてもらうのです」とのことでした。

「若いのにすごいなあ。僕なんて自分のことだけで精いっぱいで、ボランティアなんて行ったことないのになあ」と感心すると、

「いえ、そんなすごいなんてことじゃないんですよ」という返答。

謙遜していると思い、「ところで、どんなボランティアの内容なの？」と尋ねると、彼は一呼吸おいて次のように教えてくれました。

彼はそれまでに何度も特別養護老人ホームへボランティアに行っていたそうです。

そこでのお手伝いの内容は、おじいちゃん・おばあちゃんの汚されたオムツを洗うという内容だそうです。

なぜ彼はそこでのボランティアをするようになったかというと、それは自分が心を開けないからだと、話してくれました。

子どものころからずっと友達ができなかったそうで、お付き合いした異性もいないそうです。

その事実に私は驚きました。こんなに礼儀正しくて男前なのに！

彼はご両親の顔を知りません。

幼い時に離婚され、どちらが引き取るでもなく、おばあちゃんに育ててもらったそうです。おばあちゃんは彼を大切に育ててくれました。彼の両親は、どうしようもない理由があって離婚し、やはりどうしようもない事情があり、彼を引き取ることができなかったそうです。

「僕はそのことをよく理解しているつもりなんです。どうしようもなかった、ということを頭では理解しています。でもね、自分に対する否定感が心から湧き上がってくるような時があるのです。

その感覚は、『おまえは愛されなかった』『おまえは必要とされなかった』『だからおまえは引き取られなかった』『おまえは存在しなくてもよかった』という感覚です。そんな感覚が胸いっぱいになると、テニスに集中できなくなって、自分がどうにかなりそうな気持ちになるのです」

つらいことなのに彼は話してくれました。

そのような感覚で胸がいっぱいになると、周囲の人にお願いをして休業し、ボランティアに出かけるそうです。

「僕がオムツを洗っているでしょ。すると職員さんが僕に声をかけてくれるんです。『一番大変なことを手伝いに来てくれるから、私たちほんとうに助かるよ。ありがとう』って。そしておじいちゃん、おばあちゃんも僕の顔を覚えてくれている人がいる。そうすると、『あんたまた会えたなあ。うれしいなあ。なんて言う俳優さんやったかいな』『おばあちゃん、あんたのファンなんや。結婚しような。ただし来世やで』って。

そうすると僕の心の奥から小さな声が聞こえるんです。

『愛されなかった、求められなかった、必要とされなかったおまえでも、こうして誰かの役に立てる。誰かを幸せにできる』って。そんな数週間を過ごさせていただくことで、自分を取り戻してまたテニスに戻って来れるんです。

だからボランティアのお手伝いは、誰かのためにやっているんじゃなくて、誰かが幸せになってくれる姿を見せていただき、僕が自分を感じられるようになる。僕自身のためにさせていただいているんだなと思います」

私は30歳前にして、年が10近く離れた友人から教えていただき、ようやくボランティアの意味を知ることになりました。

これも余談かもしれませんが、東日本大震災のあと、全国の刑務所から合計17億円の義援金が東北に送られています（２０１１年9月ごろの報道による）。

一人の受刑者がインタビューに答えている様子が印象的でした。

「困っている人に、自分も何かできることが、たまらないぐらいに嬉しいんです」

刑務官たちの、受刑者たちに対する印象は、「震災後、表情が変わった受刑者が多く見られる。そして生きる意欲がわいてきたようだ」と答えていました。

「いい人」になることは決して悪いことではありません。でも「人の顔色を気にして、いい人を演じ」ても、自分を傷つけることになりかねません。

「ほんとのいい人」とは、黙って誰かを助け、その人が幸せになることを静かに見守る人ではないでしょうか。そして幸せになった人の笑顔を見て、自分が豊かになることを知っている人のことです。

人間関係の悩みはすべて「自意識過剰」

人間には〝自我〟というものがあります。〝自我〟とは、「自分という意識」のことです。この〝自我〟は、他の動物にはありません。

「我思う、ゆえに我あり」とはデカルトが『方法序説』の中で提唱した命題です。このように提唱できるのも人間ならではです。

さて、この〝自我〟は、「自分を見つめる心の目」のようなもので、おしゃれを楽しんだり、スポーツで良い結果を出すために頑張るなど、向上心の素にもなります。

そして新しいアイデアを生み出すことで、世の中に役立つような発明をし、創造性を発揮している自分を楽しむことも〝自我〟がかかわっています。人類の進化発展は、この〝自我〟があってこそ、と言えるでしょう。

しかしその反面、**〝自我〟を持つがゆえに苦しみ、悩むのが人間**でもあります。

まず自我は、「今、ここにいる自分」という**「時間観念」**を生み出します。

この「時間観念」は、悩みの大きな原因になるのです。

「明日はどうなるのだろう?」「リストラの対象にならないだろうか?」「将来自分は世間から受け入れられて、ちゃんとやっていけるだろうか?」という未来に対する不安は、「時間観念」があるから惹き起こされるのです。

「あの時どうして断れなかったのだろう」「短気を起こして、会社を辞めなければよかった」「あの失敗が今でも尾を引いているんだ」という、過去に対する後悔も「時間観念」あってのことです。

ネコや犬は悩みません。それは「時間観念」がないからです。

未来に不安を感じて悩んでいるネコはいません。過去の出来事に悔やんでいる犬も見たことがないはずです。

人間の悩みは、今、ここにいる私という〝自我〟から生み出される「時間観念」が大きな一つの原因です。

そして〝自我〟は、「自分と他人」という区別をする意識でもあります。「わたし」という意識が働くから、「あなた」という別の存在が認識できます。そうすると、「私の意見と、あなたの意見は違う」という、意見の食い違いが起こるわけです。あるいは、「価値観の相違がもとで、離婚しました」なんてことも起こります。

ネコや犬などの動物、さらに高い脳力をもっているイルカなども、人間のような〝自我〟を持っていません。

イルカはパートナーや仲間同士で、ケンカも対立も決してしないそうです。「わたしと、あなた」という自我がなく、感覚的には「わたしは、あなた」「あなたは、わたし」となるそうです。

さらにイルカは、環境破壊もしないそうです。「わたしは、（自然）環境」「（自然）

環境は、「わたし」という、〝自我〟がないからこそ生み出される感覚によるものだそうです。

私たち人間は、人間関係で大いに悩み、環境破壊を起こし、未来を憂います。それは、**「私の主張、私の価値観、私の利益、私の幸せを実現したい」「人間の利便性、人間の豊かさ、人間の幸福を実現したい」という、他人や環境を後回しにしてでも自分が一番でありたい〝自我〟**の仕業なのです。

この〝自我〟が働くからこそ、傷つきますし、イライラもするわけです。「あの人があんなこと言うなんて！　わたし、傷つきました」とか、「なんでアイツはこうも俺をイラ立たせるんだ！」なんてのも、〝自我〟が働くからです。

ネコや犬は、「あの人の言葉で傷ついた！」とか、「俺をイラ立たせやがって！」などと言いません。

悩みやすい人は〝自我〟が旺盛な人です。言わば、「自意識過剰」です。

「私はあの一言で傷つきました」も自意識過剰です。

そんなときは、

「なんか知らないけど、すごい暴言吐いてるな。ストレスが溜まっているのだろうな」で終わらせましょう。

「まったくアイツはムカつくヤツだなあ。イライラするよ」も自意識過剰の反応です。「会社が採用した限りは、彼にも力をつけてもらおう。さて、みんなに協力してもらって育成計画を立てようか」などに切り替えてはいかがでしょうか。

大切なことなのでもう一度言います。人間関係で悩みやすい人は「自意識過剰」です。相手から出た言葉や、目の前で起こっていることを、〝自分〟という壁で受け止めなければ、そんなに傷ついたり、イライラすることもありません。イメージでは、**相手から出てくるイヤな言葉や、目の前で起こっている理不尽なことを、自分を素通りしていくような感覚でとらえてみる**といいでしょう。ある意味では、いったん**「他人ごと」**にしてしまうことです。いちいち**〝自我〟で、ドンと受け止めるからショックが大きい**のです。

心の強い人の習慣

逆に、小さな成功や、身近な人からの感謝の言葉のように、良いことは〝自我〟でしっかりと受け止めて吸収してください。そしてイヤな言葉や、不快な出来事が起こったとき、**自分が限りなく透明になって、それらをすり抜けさせてゆく**イメージです。とても都合の良い「オメデたい」方法ですが、心の強い人たちがしている〝最強〟になる方法です。

ちなみに、大阪のオバちゃんも、もれなくこの方法を使っています。だから〝最強〟なのです。

第5章

嫌いな相手に効く、ちょっとした「コツ」

話さないと溝はどんどん深くなる

『斧をなくした者がいました。

「隣の息子がどうも怪しいぞ」とその人は疑っていました。

最近、隣の息子の歩く様子はあきらかに不自然なのです。出会った時の視線も今までと違うし、顔色もおかしい。話していても不自然な感じがするし、会話もあっさりしていて話題も単調になっています。

そう思ってみると日常の動作や態度がすべて怪しいのです。何か隠し事をしているのは間違いありません。

ところがある日、近くの谷間で斧を見つけました。よく考えてみると、自分がそこに置き忘れていたのでした。

斧を見つけた帰り道に、隣の息子と会って話をしてみてもまったく怪しげな様子は感じられませんでした。

そしてそれ以降も、彼の様子に不自然な感じはまったくありませんでした』

これは「疑心暗鬼」にまつわる、中国のお話です。

このエピソードは、日ごろの私たちの人を見る感覚に妙に当てはまる気がします。

「あの人って、きっと私のことを悪く思っているんだわ」

「彼はどうせ、腹の中では自分の利益だけを考えているんだろう」

「私を嫌っているんだわ。あの目でわかるもの」

「上司に意見できない俺を、どうせバカにしているんだろう」

これらの、人間関係によくあるストレスは、まさしく「疑心暗鬼」による産物でしょう。そして疑心暗鬼になる理由はなんといっても、「勝手な思い込みから生じる不安」です。そしてその「不安」は、また「勝手な思い込み」によって増幅され、より大きな「不安」へと成長してゆきます。それはどこかで「ただの思い込みであった」「実際はそうではなかった」ことが証明されるまで、成長し続けることになります。

そして人間関係における疑心暗鬼は、こちらが「不安」を抱く相手とのコミュニケーションに「恐怖」を感じさせ、さらに「勝手な思い込み」を増幅させていくというシステムにハマり込むのです。

「人間関係に溝ができる」と言いますが、大変な出来事があったから溝ができるのではありません。その出来事の後に会話が減るから溝ができるのです。

例えば、「クラブ活動を辞めた子どもに、どんな言葉をかけていいかわからず、そのまま時が流れて気がつけば悪いグループに入っていた」という親子関係の溝は、〝会話不足〟によるものです。

夫婦ゲンカをしてしばらくの間、朝の挨拶をしないと、簡単に夫婦関係に溝ができます。これもまた、〝会話不足〟によるものです。

会社の評価制度に「成果主義」を色濃く導入したことにより、個人主義的な社員が増え、各部署の空気が変わって協力意識が希薄になり、離職率も増えてしまった。これもまた〝会話不足〟によるものです。

話さないと人間関係の溝はどんどん深くなります。さらに疑心暗鬼になり、不安や恐怖を増幅させ、ストレスをため込んでいきます。この悪循環は、コミュニケーション環境が改善されない限り続きます。

特にあなたが苦手な人、その中でも〝怖くて苦手な人〟にはこの傾向が強いはずで

人間関係の“溝”のつくられ方

▼

相手と話さないと、さらに“溝”が深まる

す。

「怖いから話さなくなる」→「話さないから、自分のことを悪く思っているのではないかと疑心暗鬼になる」→「そうすると、余計に怖い想像が膨らんで話せなくなる」→「さらに近づきたくなくなる」という図式です。

「話しても怖い」「話さなくても怖い。でも話さないともっと怖くなる」のであれば、疑心暗鬼になる前に、相手に玉砕覚悟で突っ込んでみるほうが精神衛生上、まだいいと思いませんか。

「ひと言」の積み重ねが人間関係です

ただし、高いレベルのコミュニケーションをたくさん取れ、ということではありません。ですから、「私は口下手で……」という人でも安心してください。

そもそもコミュニケーションが苦手な人は、「軽い対人恐怖症」であることがほとんどです。このような人の特徴は、相手に話しかける前から疑心暗鬼になっています。

「話しかけると迷惑じゃないかな」

「厚かましいヤツだと思われないかな」

「変なことを言うヤツだと思われるかな」

「好感を持たれる言葉で話しかけないと」

頭の中は〝変に思われないように〟〝嫌われないように〟という思いでいっぱいいっぱいなのです。

言わせてもらいますが、

〝そんなことは、あるいはあなたのことなんか、ほとんど誰も気にしていません〟

完全に自意識過剰なのです。まったくの疑心暗鬼です。

コミュニケーションを円滑にとっている人たちの共通点は、「すぐ話しかけている」ことです。相手が何をしている最中でも、まったく気にせずに話しかけています。

相手が取り込み中であれば、「ごめん、ごめん。じゃあまたあとで」と言って、その場を離れます。すると、手の空いた相手が逆にやって来て、「さっきは何だったの」と会話が始まるわけです。

このようなやり方であれば、対人恐怖を感じる前に話しかけることができ、疑心暗

コミュニケーションの上手な人

コミュニケーションが上手な人は“すぐに話しかける”

鬼になる暇もありません。

対人恐怖、疑心暗鬼になる暇もなくコミュニケーションを取っている人たちは、「シャレた会話」などしていません。めちゃくちゃオモロいジョークを飛ばして、抱腹絶倒させ、絶賛されているわけでもありません。

「気軽なひと言」をかけているだけです。「気軽なひと言」だから、相手だって「気軽に」話を返してくれます。そこから「気軽な会話」へと入って、親しくなってゆくのです。

吉田兼好が徒然草で唱えている**「もの言わざるは、腹ふくるるわざなり」**のとおり、

「話をしなければ、どんどん腹（胸）の中に言いたいことをため込んで、心にも体にもよろしくない」ということです。特に〝沈黙〟は、恐ろしい時間となるはずです。

まずは、「たったひと言」でいいので、相手にかまわずに声をかけてみることです。そこから「へたくそな会話」でいいので、話をつないでいくようにするだけで、立派な「親しい会話」になるはずです。

そしてあなたが気になっていること、聞きたかったけれど聞き逃していたことなどを会話として入れてゆくだけです。

アメリカ・ニューヨーク市に「カーネギー・ホール」を寄贈した、鉄鋼王アンドリュー・カーネギーは、実業家として大成功を収めました。莫大な財産を築き、後に慈善家として世界中に働きかけた人でもあります。

彼の墓標《ぼひょう》には**「自分より賢きものを近づける術知りたる者、ここに眠る」**とあります。「自分がすごかったんだ」などと言うつもりはなく、**「自分の周りにいた能力のある人、素晴らしい人の協力があったからこそ、自分の人生は豊かだったのだ」**という、彼の人生において出会った人たちを称賛する言葉を墓標にしているのです。

カーネギーの名言の一つに、**「雑談を厭《いと》うな」**というシンプルなメッセージがあります。雑談というのは「くだらないおしゃべり」のことではありません。**「朝の挨拶を明るく交わし、相手の家族の様子を聞いてあげ、疑問があれば尋ねて、相手の意見に耳を傾け、自分の考えを丁寧に伝える」**ということです。

対人恐怖にならず、朝の挨拶を明るく交わし、ごく簡単な会話のやり取りを継続すれば疑心暗鬼にもなりません。そして心を開いた相手に協力を呼びかければ、自分のサポーターがどんどん増えてゆくわけです。

カーネギーに限ったことではなく、成功者(私は〝成幸者〟と呼んでいます)の共通点は、生まれ持った並外れた才能ではなく、〝協力者〟がとても多かったことです。すべての〝成幸者〟が実行していたことは、レベルの高い流暢なコミュニケーションではなく、素朴な「ひと言」の積み重ねを大切にしていたことなのです。

意地を張ると、どんどん自分を追いつめる

相手に対して意地を張ってしまい「ひと言」が言えなくなり、人間関係がこじれて

しまうことがあります。

例えば夫婦ゲンカをした翌朝、険悪な空気が朝の食卓で流れていたとします。それでもどちらからともなく、「おはよう」のひと言が出れば、昨夜の〝決着〟がつかなくても険悪な空気は収束してゆきます。

「おはよう」のひと言が言えない夫婦は、険悪な空気のまま何日か、何週間かを過ごすことになります。それは互いに**〝くだらない意地を張る〟から**です。

おそらくは心の中で、「くそー、オレ（ワタシ）は悪くないぞ。悪いのは、間違っているのは相手なんだから。あやまってなんかやるものか。機嫌とって挨拶なんかしてやるものか」なんてつぶやいているはずです。「負けないぞ。負けてなんかやるものか」という、子どもじみた〝勝負〟をしているわけです。

誰にでも自分を〝正当化したい〟という思いはあるものです。それは当然のことかもしれません。「自分にも非があった」と認めるのは、ちっぽけなプライドが傷つくからです。しかし、そのちっぽけなプライドを守るために意地を張って、家庭や職場の空気を険悪なものにするのであれば、考え直してみる必要があるでしょう。相手もイヤな空気を吸い続けるのはつらいでしょうし、あなた自身も同じ空気を吸い続けることになるわけです。

そもそも、意地を張って〝勝負〟に出ても、何の意味もありません。

仮に勝ったとしても、自分の幼稚さにどこかで嫌気がさすはずです。相手との関係が良くなるはずもありません。

「大人の対応をした」相手からすると、〝子どもじみた〟あなたが醒めた目に映っているかもしれません。

人間関係において、〝勝負〟に出て、勝利して幸せになることはありません。勝てば勝つごとに、人が離れて行って孤独になるばかりです。ちっぽけなプライドを守るために、相手を攻撃したとしても、収穫など何もないわけです。

社会の変化によって、時間的・精神的な余裕がなく、価値観も多様化する中で、円滑なコミュニケーションが難しくなってきていると言われています。

企業のリーダークラスの人たちは、会社から用意された研修会に参加し、2日間、

ちっぽけなプライドのあつかい方

ゆずらない2人

▼

ちっぽけなプライドで意地を張らない

歩み寄る2人

3日間のトレーニングを受けて現場に帰ってきます。

そしていざ、学んできたコーチングやカウンセリングのコミュニケーション・テクニックを使ってみるのですが……。

失礼かもしれませんが、**彼らは見事に〝スベッて〟います**。

「ぎこちない」「わざとらしい」「慣れていない」などの理由も考えられるのですが、部下や後輩からすると、ただ一言「信じられない」わけです。

今までさんざん〝勝ち負け〟で意地を張り続けてきた人が、研修から帰ってきたある日突然、「話し合おう」なんて言うことを信じられないわけです。**「うまく動かしてやろう」**という魂胆が見え見えなのです。

コミュニケーションに関して、心理学の理論や手法を学ぶ人が急激に増えています。しかし、かえってコミュニケーションが下手になっている人のほうが多いような印象を受けます。それは、自分に少しでも非があれば、**「ごめんね」と言える素直さ**が欠けているからではないでしょうか。そして相手が未熟な部下・後輩であっても、**「ありがとう」と言える感謝の気持ち**が欠けているからではないでしょうか。

「ありがとう」「ごめんね」と言える素直な心がなければ、理論もテクニックも通用はしません。

あなたがもし、イライラしてムカついている人がいて困っているのなら、それは相手のせいばかりではないのかもしれません。自分を〝正当化〟するために、そしてちっぽけなプライドを守るために、意地を張り優位に立とうとしていないか、確かめてみる必要があるでしょう。

「そのひと言」がすべてを変える

「素直でなければ、人間関係はうまくいかない」と述べましたが、〝素直〟とはいったいどのような気持ちや状態なのでしょうか。まずそのことがわからない人のほうが多いはずです。

例えば、あなたから見てまだ知識・技術とも未熟な後輩がいるとします。彼に仕事を依頼しましたが、案の定あなたが期待をした結果が出ませんでした。彼は同じような内容の仕事を、今までに幾度か経験しているはずです。それなのに、今回もうまくやれなかったわけです。

そのことにイライラしたあなたは、

「何度やったらできるようになるんだ！　やる気はあるのか！」

と思わず叫んでしまいます。

後輩は黙ってうつむいたままです。あなたに叱られたことにショックを受けているのか、反省しているのか、受け流しているだけなのか、固まったまま動きません。

その様子にあなたはさらにイラ立ち、

「ボーっとするな！　わかってんのかよ！」

と声を荒げてしまいました。

そのあとは何とも言えない空気が職場に残り、他のメンバーも、あなた自身も嫌な後味を引きずっています。


さて、後輩にイラ立ち、怒りをぶつけてしまったあなたの〝素直な気持ち〟は何だったのでしょう。

①指導したはずなのに、自分の思うように仕事をしない後輩が憎たらしい。
②少ない人員で成果を上げろ、という上からの指示を果たせないと、自分の評価が下がるかもしれないという不安。
③何度も同じことで指導をする時間的・精神的余裕がないので困る。
④彼が成長しなければ、他のメンバーの負担が減らないのではないかという心配。
⑤良いチームワークで仕事を進め、高い成果を出せる職場にする、という理想に近づかないことに対する焦り。

いかがでしょうか。もしかすると、①から⑤までの全部が、あなたの正直な気持ちかもしれませんね。しかし、いくら〝素直な気持ち〟だからと言って、①や②を後輩に伝えて関係が良くなるわけはありません。
①は、イライラした感情を後輩にぶつけ、攻撃することによって、〝憂さ晴らし〟をしています。
②は、あなたの保身のためですから、そんなことのために「がんばろう」という人はまずいません。

もしこれら、①②の気持ちがあなたの腹の底にあるのなら、直ちに修正したほうがいいでしょう。これは職場の人間関係だけではなく、家族との関係や、それ以外のプライベートの関係もすべて含めてです。

「感情の憂さ晴らし」「保身（メンツのため）」などが腹の底にあるとしたなら、必ずと言っていいほど、それはあなたから漏れ出し、〝悪臭〟を放つことでしょう。その悪臭は当然、相手の鼻をつくことになります。部下や後輩から、尊敬も信頼も得ることができない上司・先輩は、悪臭を放っているからです。

妻（夫）や子どもから愛されない人もやはり、悪臭を放っています。とにかく、**「イヤーな臭い」**がするわけです。

それに比べて、③④⑤は「正直な気持ち」「素直な気持ち」の中でも、個人的な〝感情の発散〟でもなければ、〝保身〟でもありません。職場や他のメンバーに対する影響にまつわる、**〝仕事本位〟の本音**です。**〝仕事本位〟の本音であれば、誰でも理解できて、納得も得られます。**

③「すまないけど、繰り返し教えてあげられる時間的・精神的余裕がなくてね。今

回のことを反省材料にして、ぜひ次回からはこの仕事は完結してよね」
④「知っての通り、少人数で目標達成しなければならない状況だから、君にも大きな戦力になってほしい。他のメンバーの負担もとても気になるしね」
⑤「良いチームワークで最高の仕事を創っていきたいんだ。まだまだ不慣れかもしれないけれど、もちろん君もその大切なメンバーの一人だろう。期待しているから、頼んだよ」

「でも、わからなければいつでも質問してくれよな。そうじゃないと、君だって困るだろう。そのかわりメモをしっかり取って、一回でマスターしてくれよ」という、フォローもいいかもしれません。

いかがでしょうか。少し照れくさくて、こそばゆい感じがしますか？　でもこの、③④⑤があなたの正直な気持ちであれば伝えるべきでしょう。
「そんなに長々とは言えない」という声も聞こえてきそうですが、カーネギーの言葉「雑談を厭うな」を思い出してください。

人が離れていく"悪臭"を消し去る

自己保身、感情の憂さ晴らしという〝悪臭〟を放つ人

▼

仕事本位の言葉、相手を尊重した
言葉でくり返し何度も伝える

あなたが、「何を感じているのか」「何を心配しているのか」「何を目指そうとしているのか」「相手をどのようにみているのか」を伝えない限りは、どれだけ怒鳴りつけても何の変化も期待できないでしょう。しかもその内容は、〝仕事本位〟で、〝公平〟で、〝相手を尊重〟していなければ納得は得られません。

しかし、このような会話をしたからといって、パーフェクトに問題解決するわけではありません。その後も、何度でも話さなければならないかもしれません。

前出の松下幸之助の言葉を思い出してください。「ええか、何回も何回も同じことを言うんやで。何回も何回もやで。何回も何回も同じことを言うんや……」と、まるで相手のDNAに刻み込むような気持ちを持って伝えることです。

自分本位の言葉で責められたら

次に想定できるのが、「相手が自分本位の言葉をぶつけてきた時にはどう対処するのか」ということです。

「おい、いつまでひとつの仕事にかかってるんだよ！　ダラダラ仕事をするなよ」

「このままの成績では、来期の君の居場所がここにはなくなるかもしれないと心配しているんだよ」など、明らかにイライラの感情発散や、「君のため」と言いながらも自己保身から発せられる言葉への、対処方法です。

このような「攻撃」や「自己保身」から出てくる言葉をまともに受けると誰でも感傷的になります。

しかしここで腹を立てたり、落ち込んだりしてしまうと、「やっぱり自分はダメなんだ」という、「私はOKではない」というスタンスに陥ってしまうか、「あの人は自分本位なズルい人だ」という「相手はOKではない」スタンスを固めてしまいます。

これら「OKではない」というスタンスは、落ち込みとイラ立ちという、いずれにしてもあなたを苦しめる結果になります。

「実はテクニカルな部分で時間を要しましたので、予定より遅れて申し訳ありません。最短で仕上げるように努力します」というように、**詫びながらもあなたに言い分があるなら自己主張することです。**

あるいは、「ご心配いただきありがとうございます。来期の成果を達成できるように精一杯努めます。そこでなのですが、成果を上げられるようなトレーニングを受けさせていただけないでしょうか」と**相手に感謝し、自分の非を認めながらも、自己成長のための援助を正当に依頼してみることです**。

これらの言動には、あなたと相手に対して「ＯＫである」あるいは、「ＯＫになるために」というスタンスが背景にありますから、**落ち込みやイラ立ちの感情からあなた自身を守ることができます**。

それでも、「自分本位の言葉」をぶつけてくる人は後を絶ちません。

「私はＯＫである」というスタンスを保ち、言動することによって、相手に謝るにしても、感謝するにしても、また提案や自己主張をするにしても、あなたも相手も傷つけないコミュニケーションが可能になります。

よく観察すると見えてくる、心を開くキー・ポイント

私たちは、**コミュニケーションを〝自分本位〟に捉えがち**です。

「言ったじゃないか！」「そんなことは聞いてないよ！」という言葉が象徴しています。いかがでしょうか。あなたもよく使う言葉ではないですか？

「言ったじゃないか！」という言葉の意味を補足すると、「自分の言ったことは絶対に相手が聞いていて、理解納得するべきだ」とでも言いたいのでしょう。これではまったくの〝自分本位〟です。

「そんなことは聞いてないよ！」という言葉で、「自分が聞いていないんだから、責任なんてない。どうせ君が言ったつもりでいるだけで、言い忘れたのだろう」と伝えたいのでしょう。これもやはり〝自分本位〟です。

このように、〝自分本位〟の人たちのコミュニケーションは不安定で、人間関係のトラブルを起こしやすいものです。

コミュニケーションは、〝相手本位〟でなければ気持ちの良い人間関係を築くことはできないでしょう。

「言ったじゃないか！」と相手のせいにして、責任をなすりつけるのではなく、「自分の言ったことを、彼が（彼女が）理解できたか」という視点が必要です。

「そんなこと聞いてないよ！」と、責任逃れするのではなく、「彼が（彼女が）言ったことを、うわの空で聞けていなかったのかもしれない」という視点です。「では、

相手本位で観察し、心のキーポイントを探す

もう一度聞かせてください」と言えばいいのです。

コミュニケーションの意識を、〝自分本位〟から、〝相手本位〟に切り替えると、「丁寧に伝え」「慎重に聞き」「確認を取る」ことになり、関係が大きく改善されます。

しかも、相手を観察する機会が大幅に増えます。今までは見えなかった、相手の心を開く「キー・ポイント」が見えてくるようになります。

〝相手本位〟という意識ですから、「いつ話しかけると、一番集中して聞いてくれるか」「どのような表情やしぐさで聞けば、

相手が話しやすいか」「どんなことを言われたら嫌がるのか」「どんなことを言われたら喜ぶのか」ということもわかるようになってきます。

〝KY（空気が読めない）〟という言葉があります。そう呼ばれる人たちは、つまり「自分本位で、他者や状況を観察していない」ということでしょう。その意味で見渡すと、本当に〝KY〟だらけです。私も、あなたも、そうならないようにせいぜい注意しましょう。

〝相手本位〟の目で見て、よく観察していくと、不思議なことに、呼吸の速さ（リズム）が同調してきます。そして次に、話す速度、声のトーン、姿勢、仕草なども同調してきます。

これらは、心理カウンセラーがカウンセリングで意識的に使う**「ペーシング」**という手法です。人間は「同じもの、似たものに安心感を持ち、心を開く」という性質を持っています。短い時間で、安心感と信頼感をつくるにはたいへん効果的な手法です。

〝相手本位〟の目で、相手や周囲を見てみると、違う世界が見えてくるかもしれません。そして「苦手な相手」の心を開くキー・ポイントも見えてくるはずです。

自尊心をくすぐられると、誰だって木に登る

また余談になりますが、映画監督の山田洋次さんは演技に関して大変こだわりを持ち、俳優・女優に対してとても厳しい要求を出す名監督です。その山田洋次監督がインタビューで答えていた言葉が印象的でした。

「どんなことを大切に考えながら演技指導をするのですか？」という問いに対して、**「どこで褒めようか、いつも考えています」**と答えているのです。

この言葉には、雷に打たれたようなインパクトがあります。

「この俳優はどこが素晴らしいのか」「あの女優は、どの表情が一番きれいに映るのか」「どのように自分が関われば、さらに素晴らしさを引き出すことができるのか」を、あれだけ厳しい監督が常に考えているわけです。

もちろん山田洋次監督は、そう易々とは褒めません。おそらくは一本の映画を撮る、膨大な行程の中で、たった一度か二度ほどなのでしょう。しかしその瞬間のひと言は、満を持してのひと言であり、俳優・女優が最も自信を授けられる表現で言い渡される

のだと思います。

ところで、この山田洋次監督の真逆を行く人をよく見かけます。**「どこで突っ込んでやろうか」「どこで未熟さを思い知らせてやろうか」「どの欠点を指摘してやろうか」という、〝あら捜し屋〟**たちです。

相手の欠点や未熟さを指摘してヘコませて、さぞ気持ちがいいのでしょうか。自分が何やら、優秀で偉くなった気分にでもなれるのかもしれません。

しかし、〝あら捜し屋〟たちは周りから嫌われ、人がだんだん離れていって、最後は独りぼっちになります。

誰だって自尊心をへし折るような人とは、ひと時も居たくないからです。

私たち人間は、〝自尊心〟を持った動物です。それは前に触れた〝自我〟と密接な関係があります。どんなに幼い子供でも、90歳を超えたお年寄りでも、生きている限りにおいては「自分のことが大切」なのです。自己嫌悪に陥り、「自分のことなんて大嫌い！」と叫んでいる人でも、「自分のことが大切」なのです。**「自分のことなんて**

どうでもいい」と思っているなら、自己嫌悪になりはしないからです。

繰り返しになりますが、〝自尊心〟とは、「自分は必要とされる存在である」「自分は役に立てる存在である」「自分は尊い存在である」という感覚のことです。この、「自分は尊い存在である」という感覚が持てるからこそ、より一層成長しようという気持ちも生まれます。

もし、欠点や未熟さを毎日毎日、来る日も来る日も指摘され続ければ、どんな人間だって人生に希望を失い、精神的に破壊してしまうものです。

先ほど、山田洋次監督の話題で触れましたが、簡単にペラペラと褒めろ、とは言いません。また、「子育て論」「部下指導論」の中で、〝褒めるべきか、叱るべきか〟「白黒決着議論」がなされていますが、そういう問題ではありません。

褒めるにしても、叱るにしても、その相手に対して尊重と愛情、未来への期待がなければ、どのような言葉をかけようが無意味なのです。

「どこで褒めようか、いつも考える」ことは、尊重と愛情、未来への期待の表れです。だから叱ったとしても、その真意が相手には伝わります。そして褒めるのは1年に1

回になったとしても、それでいいのでしょう。その瞬間は、一番その相手が輝く言葉で、最高のタイミングで紡ぎだされる「ひと言」になるはずです。

第6章

心のスケールと角度を変える

悩みは2次元の世界

人間関係で悩んでいる時は、「人間関係改善」や「コミュニケーション」について書いてある本を読む――というのが一般的かもしれません。それも、もちろん問題解決のヒントを得ることができるでしょう。

しかし「具体的な考え方」を知識として入手し、「効果的な言い回し」などをなぞったとしても、まったく解決しないということが起こります。

なぜこのようなことが起こるのかというと、**悩みというものは「二次元の世界」で起こるもの**だからです。「二次元の世界」とは、「平面の世界」のことです。しかも私たちは、自分を中心としてその平面の世界を見ている状態なのです。自分の位置や周囲の配置、周囲との距離などが把握できていません。

第5章の中で、「コミュニケーションを学べば学ぶほど、コミュニケーションが下手になってゆく人たち」について触れましたが、その人たちはまさしく「二次元の世界」に生きている人たちです。

自分を中心に相手を見て、「入手した新しい考え方や、コミュニケーション・テクニックで相手をうまく変えてやろう」というスタンス（もちろんそのような自覚はないのですが）ですから、**自分の表情や相手の顔色、互いの距離感、適切なタイミングなどがまるで見えていない**わけです。そうすると、

「顔、怖いですけど（ぎこちない表情で）」

「いま、それを言うの？（私の気持ちを配慮せずに）」

心からではなく、うわべの表現でしか伝わらないのです。

自分を含めて相手や周囲の状況を見て感じ取れる〝心〟がそこにはありません。

「自分中心のいっぱいいっぱいの状態」なのです。

悩みからの脱出は3次元の視点

サッカーの元日本代表の中田英寿氏など、優れたミッドフィルダーたちは、三次元

の感覚でピッチを走ってプレーをするのだそうです。

〝三次元の世界〟とは、立体空間を意識することです。平面空間における距離感だけではなく、奥行きの距離感、上空のスペースや距離感もつねに掴んでいます。それだけではなく、横から見た敵・味方選手のポジション、前から、後ろから見た敵・味方のポジション、さらに上空から見た自分も含むすべての状況も感覚的に把握しているそうです。

しかもそこに、走るスピード、次の動きの予測、風の向きや強さなども入ってくると、3Dではなく4Dの世界でしょう。だからこそ絶妙のタイミングで、最高のポイントにパスが出せるのです。

「俯瞰《ふかん》」あるいは、「鳥瞰《ちょうかん》」という言葉があります。「高いところから見下ろす」という意味です。普段私たちが見ている世界とは違い、「広く全体を見渡し感じ取る」という意味でもあります。

ペルーにある、紀元前2世紀から6世紀に描かれたとされている「ナスカの地上絵」は、あまりにも構図が巨大すぎて、地上からでは何が描かれているのか全体像が把握できません。地上に立って、そこから「二次元の世界」で見ようとしても、そこに見えるのは「幅20センチ程度のただの溝」でしかありません。
しかし上空数百メートルから「俯瞰」すると、動物たちの絵が見事に描かれていることがわかります。

何が言いたいのかというと、**人間関係においても「二次元の世界」で自分中心に相手を見ていても、問題やトラブルは解決できない**ということです。ですからコミュニケーションの理論やテクニックを学んでも、〝スベる〟わけなのです。**状況がまったく見えていない**のです。

「状況」とは、相手の表情、今の気持ち、相手の立場、周囲の状態、そして何よりも自己中心的に世界を見ている〝自分自身〟のことです。

「俯瞰」できるようになると、見える世界がまったく変わります。妙な例えかもしれませんが、**「幽体離脱」したようなイメージで物事を見る**ということです。

オフィスの天井までゆらゆらと上昇して、部下に怒鳴りつけている自分の表情を眺めてみます。

「おいおい、そんな怖い顔で睨むなよ」

あなたに怒鳴られている部下の表情を見てみます。

「あんな言い方されたら、たまらんで。腹の中では悔しいやろなあ」

周囲のメンバーにも目を向けてみます。

「うわー、居心地が悪そうやなー」

どうしてこうなったのか、しばし考えてみます。

「みんなが余裕のない中でトラぶったからや」

今の自分の対応が良いのかも考えてみます。

「怒鳴ったって意味ないなあ。この子も、他のメンバーのモチベーションだって上がるわけないし」

どのように対応すれば効果的か考えてみます。

「この子なりに一生懸命やったんやろな。ここはみんなの力を借りて対処する以外にないやろな」


ここで、学んだコミュニケーションの出番となります。

人間関係の悩みは、“3次元”で解決

相手の顔色、周囲の状況を俯瞰して見る

「悪い悪い。ついカァーッとなってしもて。君も余裕なかったんやろ、すまんなあ。起こってしもたトラブルはもうしゃーない。おい、みんな力貸してくれ！　このミス、絶対挽回してみんなでこの逆境切り抜けようや！」という**仕事本位の言葉が〝心から〟出てきてこそ、コミュニケーションを学んだ意味がある**のです。

さらには、「彼は今後も同じようなミスを犯すかもしれない。人材育成には時間がかかるから、それも見込んでおこう。いつか主戦力になってくれればいい。他のメンバーに働きかけ、力を借りることでチーム全体の士気も上がることにもなる。会社か

ら指示されている数字をあげるのは並大抵ではないから、チーム力を上げてゆかなければ達成できない。今回のトラブルはチーム力強化のきっかけに使おう」という、他のメンバーとの連携、将来的な目標などを見据えたうえで、今の事態に対処することができれば「俯瞰」していると言えるでしょう。

同じレベルだからイラ立つのです

人間関係のトラブルは、「相手と、自分が同じレベル」だから起こるのです。

身近な例をあげてみると、親子ゲンカなどはその典型でしょう。立場と年齢は「親と子ども」ではありますが、ケンカの真っ最中は「同じレベル」です。互いに感情的になり、目を吊り上げ、ひどい言葉で応戦します。本人たちは熱中しているので無自覚ですが、どれだけもっともらしいことを言ったとしても、結局は「どっちも、どっち」なのです。

今から20年ほど前になりますが、テレビ番組の企画で「小学生の子ども100人に聞きました。親に望むことは何ですか？」というアンケートがありました。「お小遣いを上げてほしい」「ディズニーランドに連れて行ってほしい」「新しい自転車を買ってほしい」などが上位に出てくるのかな？　と予想していたのですが、なんと1位の回答は「もうちょっと、オトナになってほしい」でした！

たしかに、わが子とケンカをするというのであれば、「親」という立場から外れ、子ども同士のように感情をぶつけあっているわけですから、子どもから見ても「親」に見えるわけはありません。まあ、家族ですからそんなものでOKだと思いますが。

そんなとき、**子ども（相手）の未熟さを、かつて自分も通った道だと受け入れ、辛抱強く見守ろうという、〝オトナの意識と対応〟をすればケンカになりません。**

忘れ物やテストの不出来を感情的に責めるのではなく、穏やかに諭すことを繰り返すほうが、子どもの心には浸透しやすいです。親である自分もイライラの感情をストップすることができます。**上司・部下や先輩・後輩の関係でも同様で、失敗や未熟さを感情的に責めるのではなく、冷静に繰り返し指導するほうが相手の成長を早めること**につながります。

同じレベルで張り合うから上手くいかない

子どもや部下・後輩から見ると、自分とは違う「落ち着いた」感情レベルで働きかけてくれるあなたを、「一段高いレベル」だと認識するのです。

違う〝レベル〟に自分を置いてみるだけで、人間関係のトラブルは一変することがあるのです。

以前ビジネスの交流会で、〝どんなご要望にも応える何でも屋〟という男性にお会いしたことがあります。最高に素敵な笑顔が印象的でした。

笑顔が素敵だと、思わず話しかけてしまいます。「本当に〝どんな要望〟にも応えるのですか？」と、〝思うツボ〟の質問をすると、「そうですよ。どんなご要望にもチャレンジします。でもさすがに、どうしたってできないこともありますけれど」と正直に答えていただきました。「うちのばあさんを生き返らせてくれ」「モテる男にしてくれ」「明日までに2000万円の借金を返済しなければならない。何とかしてくれ」「不老不死の薬を探してくれ」「妻が自分に優しくなるように」などなど。とんでもない依頼まで彼の元には来るのです。

中には、「本当に〝何でも応えられるのか〟試してやろう」という意地悪で、無理難題を言ってくるお客もいることでしょう。

「正直言って、ムカつくことはないのですか？」と聞いてみると、また最高の笑顔で「ないですよ。お客様のご要望に応えられないのは、自分の力不足ですから。もしやってみてできなかったときは、誠実に一生懸命に謝らなければいけません」という、優等生の回答です。

さらに引き下がらずに尋ねてみました。「でも、明らかに意地悪や嫌がらせに近い気持ちで依頼する人もいるじゃないですか」そうすると究極の回答が返ってきました。「たしかに、そういう人もいるのかもしれません。脱サラしてこの仕事を始めたときは、『世の中はなんて厳しいのだろう。なぜこんなにも、自分を苦しめようとする人が多いのだろう』と思った時期もありました。でもそれは違います。そう思う自分が、自分を苦しめていたのです。お客様が難題を言われる背景にはさまざまなものがあります。寂しさ、悔しさ、苦しみなど、独りでは乗り越えられそうにないものがあるのでしょう。それは直接表現できないことも、解決もできないことが多いのでしょう。だから間接的に、私のところにご依頼が来るのです。そのご依頼に全力で取り組み、お応えしようとすることで、お客様自身が救われていくのです。独りではなくなるのです」

彼は〝何でも屋〟として、細々《こまごま》とした用事をこなすだけではなく、顧客の心を満たしているのです。「依頼に対するその姿勢は、宗教による影響ですか？」と聞いてみましたが、彼は無宗教者に近いようでした。

「でもね、おかげさまでずいぶん多分野の勉強をさせていただき、腕が磨かれましたよ」という超前向きな受け止め方です。死生観、宗教、人間関係、心理、離婚調停、銀行との交渉術、闇社会との縁の切り方、イタチの習性、スズメバチの駆除方法、ガーデニング等々……。彼は今や、他分野におけるスペシャリストのようです。

もし彼が、「いい加減にしろよ、人をバカにして！」という思いで対応していたら、おそらくは相手の悪意のままにハマり、彼の仕事人生は散々なものになっていたでしょう。そして意地悪や悪意から依頼してきた顧客も、きっとその後も別の人に悪意で接し続けたでしょう。

しかし彼の「全く違うレベルの受け止め方」により、無理難題にすり替えられた表面上の依頼とは違う、深いレベルで救われた顧客がほとんどなのです。彼に救われ、その後の人生さえ変わった人が多いのではないでしょうか。人への接し方も、悪意ではなく、少しでも善意あるものに変化したでしょう。事実、リピートされる顧客がほとんどなのだそうです。

そして何よりも、彼自身が豊かな人生と、仕事の意味を重ね続けているのです。

「違うスケールと角度」から見える人間的成長

「俯瞰」という言葉を使いましたが、「大局から物事を見ると世界が広がり、違う発想・新しい発見がある」という意味も含んでいます。**「物事を見るレベルが上がる」のです。**

「物事を見るレベルが上がる」ということは、ある意味においては**「それまでの自分とは違う人間になる」**ということです。ですから、昨日まで悩んでいたことでも、その日からはもう悩まなくなります。

十年ほど前に、一人の男性と出会いました。その方は末期がんを宣告されて、一時期はすべての希望をなくした経験があることを話してくれました。彼は現在49歳で、治療を続けながらビジネスマンとしてもベストを尽くしています。

出会った2年前ごろ、数か月間体調が思わしくない日々が続き、忙しい中ようやく時間をつくって検診を受けに行ったところ、後日病院から呼び出しを受けたそうです。医師からの説明では悪性と思われる腫瘍が発見され、再検査の必要があるとのこと。

そして再検査の結果は、すい臓ガンで転移もしているという診断。若いので進行も早いと予想され、手術をしたとしても悪性腫瘍をすべて取り出せる可能性は低いという話です。

もし手術を受けなければ、余命は半年からせいぜい1年程度。手術を受けたとしても、少し引き延ばせる程度だろうという告知を受けたのです。

青天の霹靂とはこのことで、取り乱した彼は数日間ふさぎ込んで、家にこもったまま出社はおろか外出すらしなかったそうです。彼ら夫婦には中学2年生の娘と、小学6年生の息子がいます。自分の死に対する恐怖と、妻と子ども二人を残して逝かなければならない寂しさに、胸も張り裂けんばかりです。

彼はタバコを吸わなければ、お酒も付き合い程度の適量しか飲みません。学生時代から体育会系スポーツマンで、数年前にはトライアスロンにもチャレンジしました。勤勉で努力家、責任感が強く、道徳心を重んじる善良な男です。

「なのに、なぜ自分が……」という思いが何千回も頭の中で回ります。

「たかだか40年足らずの命であれば、もっと好き勝手に生きればよかった。何のために自分は今まで努力をして生きてきたのか……」

そう思うと、もうすでに自分は死んでいる存在のように感じられ、真っ暗闇の中に放り込まれたような気分になったそうです。「どうせ、あと命がもっても半年ぐらい」そう考えると食事をする気にもなりません。家族も慰める言葉が見つからず、ひりひりと痛いほどよくわかる彼の心中を察することしかできなかったでしょう。

そうして一週間近く家に引きこもり、子どもが幼い時のアルバムを見ているときに、ふと不思議な感覚に陥ったそうです。**それは子どもたちが成長してやがて結婚し、子どもに恵まれ豊かな家庭を築いたことを想像したときに、突如として起こった感覚だそうです**。

「この子たちが子どもを授かり、そして豊かに育まれ、またその子たちが結婚し、子どもに恵まれ……」延々と続いてくれるであろう、命のリレーランナーたち。何十年も、何百年も、できれば延々と続いてほしい。そして、私は……。私も延々と続いてきた、命のリレーランナーの一人だった。何百年も、何千年も、何万年も続いてきた、先人から受け取ったバトンを妻と子どもたちに手渡すことができた。

その時に彼は思いました。

「なんてすばらしいことだろう。なんて幸せな人生なのだろう」

次の朝、彼は早朝から出社の支度をはじめました。起きてきた家族に、最高の笑顔で「おはよう」と挨拶をしたそうです。

そして出社すると、職場の人たちに一週間休んでいたことを詫び、告知を受けたことも説明しました。

「私は決してあきらめていません。でも、生きることに執着はしません。とにかくこの生かされている限りにおいては、一日一日を大切に、精一杯全力で仕事に励みます。そして共に過ごしてくれる、すべての人を愛したいと思います」

そう宣言をしたのです。

彼の言葉です。「これまでの人生で、今が一番充実していて、素晴らしい時間を過ごせています。妻が、子どもたちが愛おしい。会社の人とも最高のチームワークで仕事ができています。もちろん命の終焉は、いつやって来るかわからない状態は続いています。でも、そのことを嘆く気持ちよりも、今日を精いっぱい生きて、最高の一日にしたい気持ちになるのです。私の命が終わっても、妻や子どもたちがリレーランナーとして走り続けてくれます。部下や後輩たちが、すばらしい仕事を伝え続けてくれます。今はもう、何の心配もないのですよ。でも、少し寂しいですけれどね」

「俯瞰」という言葉では表現しきれないほどのスケールです。何百年、何千年、何万年と続いてきた、生命の連鎖を感じ、その中のひとつの役割として自分を見る。そのスケールでガンという病にかかった自分、告知された余命を見たときに彼はパラダイム・シフト（根本的枠組みの大転換）を起こしたのでしょう。

目の前にある〝死〟や〝病〟と「にらめっこ」していたなら、彼は人生を嘆き、死を恐れ、苦しい余命に翻弄されていたでしょう。しかし**〝まったく違うスケールと角度〟から俯瞰することによって、〝死〟や〝病〟の恐怖さえも乗り越えて豊かな日々を過ごし続けている**のです。

このことは私たちの日常で起こりうる、失恋や離婚、わが子の不登校、失業などについても同様です。トラブルが起こるということは自分と目の前の相手、周囲の人たちや会社とのバランスが崩れているということです。近視眼的に見れば、相手や学校、会社を責めたくなるかもしれません、しかし誰かを責めても、何かのせいにしても問題は解決しません。そうしてきたからこそ、問題が発生し、さらに大きくなったのです。**俯瞰することで〝自分のありかた〟を見つめ、「自分が変化・成長すること」で問題が解決できることに気付く**のです。

価値観も信念もリセットしよう

私たちは人間関係のトラブルや悩みにおいて、「価値観の相違」を大きな問題として考えています。しかしそもそも、「価値観」とは何なのでしょうか。そして「価値観の相違」は、越えがたい大きな壁なのでしょうか。

価値観とは、「これが当たり前」という観念であり、物事の軽重を図る「物差し」であり、私たちが生きてゆくうえで重要な判断を下す「基準」のようなものです。

例えば、どのくらいの収入があれば良しとするのか。あるいは、どのくらいの預貯金があれば十分とするのか、という「金銭」にまつわる価値観。

または、どの学校に入学し、学士・修士・博士まで目指すのか、という「学歴」・「教育」にまつわる価値観。

仕事を〝食べていくための手段〟と捉えるのか、それだけではなく〝人生における大切な役割〟として向き合ってゆくのか、という「仕事」にまつわる価値観などです。

そのほかにも、「時間」「家族関係」「友人関係」「食」「宗教」など、日々の生活をしていくうえで、判断や決定をするための基準としているさまざまな価値観があります。

これらの価値観が相違しているために、対立や争い、破壊などの人間関係におけるトラブルが発生しています。離婚の原因は「価値観の相違」が常に上位です。親子関係がうまくいかないのも、「価値観の相違」でしょう。部下や上司との関係における悩みは、「世代間における価値観の相違」が多いものです。

これらのトラブルの原因は、深く根差した互いの「価値観」であり、それは容易には変えられるものではなく、相容れるものでもないのでしょうか。

では「価値観」が、どのようにつくられてゆくのかを考えてみましょう。

一旦話は飛びますが、破壊的宗教カルト集団では、メンバーの意思統一を図るために「マインド・コントロール」を行います。

「マインド・コントロール」というと、「催眠」にかけるようなものだと勘違いしている人が多いようですが、そうではありません。実は「情報操作」なのです。

オウム真理教の事件で知られるようになりましたが、〝出家信者〟と言われた人たちは、〝サティアン〟と呼ばれる教団施設で修行をし、生活をしていました。そしてサティアンで生活をする出家信者は、見事なまでにマインド・コントロールされ、意思統一をされていたのです。情報が統一されていたのです。

彼らはサティアン内の教団員や信者としか話せません。家族や友人が面会に来ても、一切取り次ぎません。そしてテレビ・ラジオ・新聞などの情報にも、一切触れさせないのです。そのうえで、教団にとって都合の良い情報だけは、どんどん与えていくわけです。この手法を取ることで、少なくとも2週間も経てば、教団を完全に信じ込み、1カ月経てば見事にマインド・コントロールされて、自分の意志では脱出することが不可能になります。

このように、情報が偏ることで、私たち人間の考え方や、価値観、意思などは簡単に揺らいでしまうのです。

「価値観」に話を戻しましょう。**私たちがいつも「価値観」と呼んでいるものは、今までに出会った〝情報の偏り〟によってつくられたもの**です。その情報の中で、最も強い影響を与えたと考えられるものは、「親（養育者）から与えられた情報」です。

人生の出発時から出会い、日々ふれあい、最も長い時間接してきた情報だからです。次に大きな影響を及ぼしているのは、「社会通念」というものです。大多数の人が、「これが当たり前」と、疑う余地もなく呑み込んでいます。

気を付けなければいけないことは、このような情報には、個人的な偏りがあったり（親の価値観）、一時的な現象からつくられているもの（社会変動）があるということです。しかも、私たちが出合ってきた情報は、世の中にある情報の「ほんの一部」かもしれないということです。

破壊的宗教カルト集団によって、マインド・コントロールされた信者たちを、「特別に愚かな人たち」と言うことができるでしょうか。限られた情報によって「価値観」を固め、その価値観を手放す不安から、相手の価値観を変えようとして人間関係を壊してきた人たちも、立派な〝破壊的カルト〟の一員かもしれません。

それでも「いいえ、でもやはり私の価値観は正しいから」と言う人がいます。しかし、相手だって「自分が正しい」と思っているのですから、やはり「同じレベル」なのです。

「価値観が正しいか・間違っているか」なんてことはわかりません。少なくとも短い時間で判断できる性質のものではありません。今は非常識でも、5年経てば常識になることなんていくらでもあります。個人も人間的に成長することで、自然に価値観は変化してゆきます。

大切なことは、「自分の価値観は正しい」なんて思わないことです。「それでは信念なんて持てません」と言う声も聞こえてきそうですが、それは信念などではなく、「自分が変わることに対する抵抗」であり、ただの「頑固者」だということです。

たまには「俯瞰」してみてはいかがでしょう。〝自我のとらわれ〟からちょっと抜け出て、「自分にメリットがなくても、みんなが楽しくやれることは何だろう」「自分の立場を守ることよりも、チームにとって今必要なことは何だろう」「自分の価値観を押し付けるよりも、家族が幸せに笑いあえるために大切なことは何だろう」

このような意識から出てきた「価値観」であれば、多くの人が納得し、協力も惜しまないでしょう。

そのためには、価値観も、信念も毎朝〝リセット〟してスタートすることです。

最後はもう、「しゃ〜ない」わけです

この世の中には、「どうしようもない」ことがたくさんあります。「どうしようもない」というのは、「私の希望や期待通りにならない」という意味です。

私は雨が降ってほしくないと思っても、自然は平気で雨を降らします。年老いたくないと願っても、髪の毛は抜けるわ、禿《はげ》るわ、皺《しわ》は寄るわ、シミだらけになるわ、なのです。そしてこれらの**「どうしようもないこと」を、「どうにかしよう」というところから〝悩み〟が生まれる**のです。

この自然界は、私に意地悪をしてやろうとか、特別に苦しめてやろう、なんて意識を持っているわけはなく、万物に平等の現象をもたらしているにすぎません。

「なんとかしよう」などと思わずに、「ありのままを受け入れ、そのことをいかに楽しむか」を考えることで、人間が抱えるたいていの悩みは解決します。